だいわ文庫

ひとり上手の
がんばらない家事

岸本葉子

大和書房

はじめに 「自分なりに家事ができている」ことが大切

家でお茶を飲む気になれるかどうか

精神的な話めくが、心と家事はやっぱり関係があると思う。

「慌ただしくといだお米は、味にどこか出てしまいます。お米のひと粒ひと粒を慈《いつく》しむ気持ちで、丁寧にとぎましょう」

――みたいなことを言うつもりはない。

それを言うなら、私はむちゃくちゃ味に落ち着きのないごはんを毎日食べていることになる。米粒をこぼさぬよう手でおさえながら、とぎ汁を流すのが面倒で、手つきのザルでかき回してといでいるくらいだから。

ここでしたいのは、そういう話ではなく、心の健康と家事の関係。完璧でなくていいから、自分なりに家事ができているということ。それは心の安定に、とても密接につながる気がする。

自己管理できている、という感じを得られる。

大げさにいえば、自己評価が上がる。

家に帰っても、あまりに散らかっていたり、お茶の一杯も飲む気になれない状況だったりすると、それでもむろん生きてはいけるが、自己評価はちょっと下がってしまうのではと思うのだ。

自分らしい家事によって得られる力

家を一歩離れて世の中に出れば、自己評価の下がるきっかけはいくらでもある。

上手におシャレしている人はいっぱい。

仕事がとても順調そうな人もいっぱい。

人間関係がうまくいっている人もいっぱい。

比べて自分は、なんだかな……と思うことも。

注意されること、批判されること、中傷めいたものを受けることも数知れず。そこそこトシで、その意味でそこそこキャリアのある私も、例外ではまったくない。

外では自己評価が下がる出来事が多いから、「ここに帰れば、ほんの1センチでも5ミリでも自己評価を上げられる」という場所があるのは、生きていく上で、とても大事だ。生きていく力になるというか。

家事によって得られる力は、段取り力とか、実行力とかもむろんあるが、それ以前に、「このままの私でいいんだ」という、自分を肯定する力だと思う。

ひとりならどう暮らすかは全部自分の好きに決められる

家事めいたことは、家以外の場でもできるかもしれない。会社に勤めている人なら、そこでの整理整頓など。が、そこは家ほど自分の自由にならない。たとえばこのロッカーの置き方は不便だ、こうすればいいのにと思っても、自分の一存では変えられない。

家というのは唯一、自分の意思が通るところ。

自分のコントロール下に置けるところ。

そこで「自分らしくできている」という手応えを得ずに、他のどこで得られるだろうか。

なにも、ものすごくハッピーになれる家でなくていいのだ。外で下がりがちな自己評価を、ある程度取り戻せるならば。

お姫様が住むような、きれいな寝室でなくていい。インテリア雑誌に胸張って載せられるような、おしゃれで使いやすいキッチンでなくていい。

マイナスになった自己評価を、プラスまでいかなくても、せめてゼロまでは、いつでも戻せる場所でありたい。

家が好きでなくて、外に居場所を求めてしまうと、生活リズムは崩れがちだし、居場所を確保することに性急になりすぎると、人間関係に少々歪《ゆが》みの出る危険もはらむ。

家が好きで、「そこに帰れば私になれる」というのは、心の安定、生活習慣の安定、人との関係の安定にも、大事な要素だと思う。

そのためにもがんばりすぎないことだ。

外でもう十分がんばっているのだから、家でまでがんばらない。

この本では、私が家事で手を抜くところ、凝りたいところを紹介している。

読者の皆さまがそれぞれの「自分なりのスタイル」を見つけるきっかけになればとてもうれしい。

ひとり上手のがんばらない家事　目次

第1章　がんばらない家事、私の工夫

第2章　気楽に料理できる仕組み作り

第3章　体が資本。簡単料理でもしっかり食べる

第4章　部屋をどうスッキリきれいにするか

第5章 衣替えなし。気分が上がるワードローブ

第6章 がんばらない家事に必要なのはモノの「総量規制」

第7章　おうち時間の質を上げる

第 1 章

がんばらない家事、私の工夫

その1　完璧を目指さない

気になることだけ気になるときに

家事は毎日のこと。仕事と違って休みはない。

その心構えといえば、気になることを気になるところだけやる。

それに尽きる。

炊事とか掃除の別なく、家事全般に言えることだ。無理があると、やるのが嫌になってしまう。

完璧にしようと思わないことだ。

それを点にたとえれば、点が増えればつながって線に、さらに増えれば面になる。そのようにしていくうちに全体としてきれいに整うだろうと期待している。

それに小さいところからはじめると、他のところも自然と目に入るようになってくるもの。

たとえば家に帰ってきて「はー、疲れた」と床にべったり座ったら、「この床の上、ずいぶん髪の毛が落ちている。埃もこんなに溜《た》まっていたんだ」と気づく。

もちろん疲れているときだから、立ち上がって家全体に掃除機をかけるなんてあり得ない。なので座ったまま、寝そべっているんだったら寝そべったまま、手の届くところだけティッシュでひと拭き。

ほんとうにもう10センチ幅×50センチぐらいの範囲でもいい。そんな感じだ。

家事の本では掃除とか炊事とか分けるのが常だけど、私は割りといっしょくた。何かのついでにやってしまう。

調理にしても、たとえば魚を焼いているときなど、つきっきりで番をしないといけないわけではない。タイマーも付いてるしグリルに入れっぱなしですむ。

グリルに入れて「あ、この調理台、なんかずいぶん汚れているな」と気づいたら、そこだけ拭いて部分掃除。

「ながら家事」「ついで家事」はおすすめだ。

いろんな場面でそうしている。歯を磨くとき、私は根性なしなので冬だと水が冷たいからお湯で口をすすぐが、レバーをひねってお湯になるまで少々待つ。その間に「あ、ヘアブラシが出しっぱなしだ」と気づいたら、洗面台下の引き出しにしまう。綿棒が転がっているのに気づいたらゴミ箱へ捨てる。

組み合わせというか同時並行で、気になったところをその都度つぶして、スッキリした洗面台にするという具合に。

家電に任せられることは任せる

私は家電にさせてしまうことができる部分はさせてしまう。

料理は、若い頃に外食ばかりして健康を害した失敗を経て、今は割りとするほうなので、そのぶん洗い物は食洗機にお任せ。

床に埃や髪の毛が！　疲れているときは掃除機かけるのも面倒。
そんなときはティッシュでひょいとふき取るだけでOK。

けれども、何でも任せっきりではなく、洗濯物の乾燥は機械でもできるけど、外で日に干している。日に干すのは好きなので、苦にならないからだ。

家事というのは「これは何だか面倒」「これはそんなに億劫《おっくう》ではない」というところは人によってずいぶん違う。全体としては節電を心がけつつ、自分のしたくないことだけ家電にさせていいのではないかと思っている。

お掃除ロボットも持ってはいるが、これは意外と機械頼みにはならなかった。なぜなら、とても時間がかかるのだ。

リビングひと部屋掃除するのに一時間ぐらい動き回っているから、自分がいるときだとじれったくて「ほうきで掃けばいいや」となってしまう。

使うのはもっぱら留守にするとき。「私は出かけますから、その間にやっておいて下さいね」という感じで、スイッチを入れて置いていく。

でも知り合いは「それなしに掃除は考えられない」と言っていた。

どんな機械が合うかは、ほんとうに人それぞれである。

その2　やり方にこだわらない

やる気の起きやすい仕掛け

がんばらない家事は自分をラクにする家事だ。

そのための第一歩は、先入観から自由になること。「こうでなければ」という決めつけを捨てる。

掃除を例にとれば、フローリングはほうきで掃くのはよくないといわれるけれど、自分のやりやすいほう、やる気の起きやすいほうで掃除する。

やりやすさについていえば、ある程度片付いているほうがやりやすいことはたしか。掃除に限らず、家事のすべてに共通する。

掃除にしろ調理にしろ、どの家事も、散らかっていると、やる気が起きなくなってしまう。片付けからスタートしなければいけないからだ。

また、やろうと思ったとき、手が届くところに必要なモノがあることは大事。まな板を洗おうと思ったら、洗剤がすぐ手の届くところにあるというふうに。

手間の省き方はあれこれ試しながら

片付いていることと、すぐ手が届くところにモノがあることとは、基本的には矛盾する。モノが出ていると散らかりやすくなる。

二つを両立するため私は、次のようにしている。洗剤の種類を絞って本数を減らす、ボトルの色合いを揃える。すると、モノは出ていながらも雑然とした感じになるのを免《まぬが》れる。

洗剤のボトルを、全部流し台の下にしまってしまうという考え方もあるだろうけど、そこまで完璧に目につかないようにすると、私はたぶん、戻すのを忘れたり、面倒くさくなったりしそう。

どうすれば、やる気をそがない範囲で、スッキリを実現できるか？

それを模索していくことで、オリジナルなモノの置き方、手間の省き方みたいなものができていく気がする。

その3　自分がラクに続けられる方法で

小さな「気持ちいい」をつぎはぎする

自分なりの家事のスタイルが確立していると、気持ち的にラク。

でもはじめから体系だったノウハウがあったわけではない。

スタイルができてくる原動力になったのは、ひとえに家の中では「気持ちいい」ように過ごしたいからだ。

気持ちよさを心がけていると、「自分にとってこれは気持ち悪いから、すぐにしてしまいたいほうだな」というのがわかってくる。

たとえば毎日のように届くダイレクトメール。

リビングの椅子に放っておいて積み重なっていくのが、私はなんだか落ち着かない。ならば箱をひとつ置いて、そこへ入れるだけはすぐにしよう。

そんなふうに「気持ちいい」と感じることをつぎはぎしてきて、だんだんと今の形になった。

根底には、家にいる時間をおろそかにしたくないという思いがある。

外にいるときは楽しいことがいっぱいの時間。

家にいるときはどうでもいい時間。

もしそう思っていたなら、たぶん家事はやらなくなる。

外は外で楽しいけれども、私にとっては、家がいちばんリラックスできる場所であり時間なので、なるべくいい空間にしたい。家事が嫌にならないためには、そういう気持ちが大事な要素。

寝に帰るだけという人もいるけど、そうであっても、その時間に質のいい眠りを得ないと、次の日の外でのいい時間につながらないと思う。

ちょっとずつ誰かのいいとこ取りをする

家事の参考にした人や本では、100歳を過ぎてもお元気だった家事評論家の吉沢久子先生の影響は私にとって大きい。吉沢先生とは対談の本がきっかけで、お宅におじゃまするようになった。

吉沢先生のお宅は、決してモノが少ないわけではなかった。本もいっぱいあるし、テーブルの上にモノも出ている。でも、吉沢先生の暮らし方には合っていると感じられた。

原稿を書くのがお仕事で、食べるのもお好き。お台所に木の大きなテーブルがあって、お鍋で何かコトコト煮込みながら、それが目に入るところで書き物ができるようになっている。

一見雑然としているようでも、生活エッセイを書きながら、自分の食べること、自分が手で作ることを大切にしている先生らしかった。

お宅に伺う前は、実はとても緊張していた。でも実際におじゃましたら、人を緊張させるようなことは全然なくて、たとえば台所の流しのすぐ下に雑巾を置いておいて、何かちょっとこぼしたら、足でクイッと拭いてしまうとおっしゃっていた。そのつど屈《かが》むのはたいへんだからと。

カッコウつけずに自分らしく

私は感激してしまった。家事とはこうでなければいけません、みたいな昔ながらの作法に縛られず、自分にとって効率的に、気持ちよくする方法を持っていて実践している。なんと合理的なのだろう。

しかもカッコウをつけていない。

そういうことってふつうはみんな言いたがらないと思う。「台所は私にとって生活の場所で、仕事の場と分けています」と言うほうがカッコウイイ。足で拭くより「手で拭くほうが丁寧な暮らし方。屈んで拭くくらいのゆとりを持ちましょう」みたいに。

でも、先生はそうはおっしゃらない。

そうしたやり方は誰かの真似では出てこない。私も吉沢先生に憧れながら、吉沢先生のしていることを全部真似るかというと、そうではないのだ。

していることそのものではなく、その基本にある「いちばん自分らしく。自分がラクで、心地よく」という心構えを学んで、その私バージョンを探していけばいいのだと思った。

暮らしのスタイルの参考になるインテリアの本は大好き。外国の部屋の写真集もよく見る。が、これもそのままは真似できない。

私のリビングは、和洋折衷《わようせっちゅう》というか、ちょっとずついいとこ取りをし、私には快適なスタイルとなっている。

ながら家事にタイマーは必需品。メールを書きながら煮物。

一日を気持ちよく始めるための私の朝の習慣

朝起きていちばんにすることはベッドメイキングだ。ケット類を頭のほうから裏返して足のほうへ二つ折りするだけの簡単なものだ。

それだけでも、中にこもっていた空気が抜ける。枕は形を軽く整え、ベッドの頭のほうに立てかける。

そして寝室の窓を開放。寝具類の上をさっと風が通って、湿気や匂いを飛ばし、部屋の中の空気が入れ替わる。

冬は少々寒いけど、着替える前にそれらをする。先に着替えると、その流れで鏡の前へ行き、洗面など一連のことを始めてしまって、ふと気づくと、ベッドは起きて抜け出してきた形のまま。あれはテンションが下がるもの。一日を気持ちよく始めるための、私なりのルーティーンだ。

第 2 章

気楽に料理できる仕組み作り

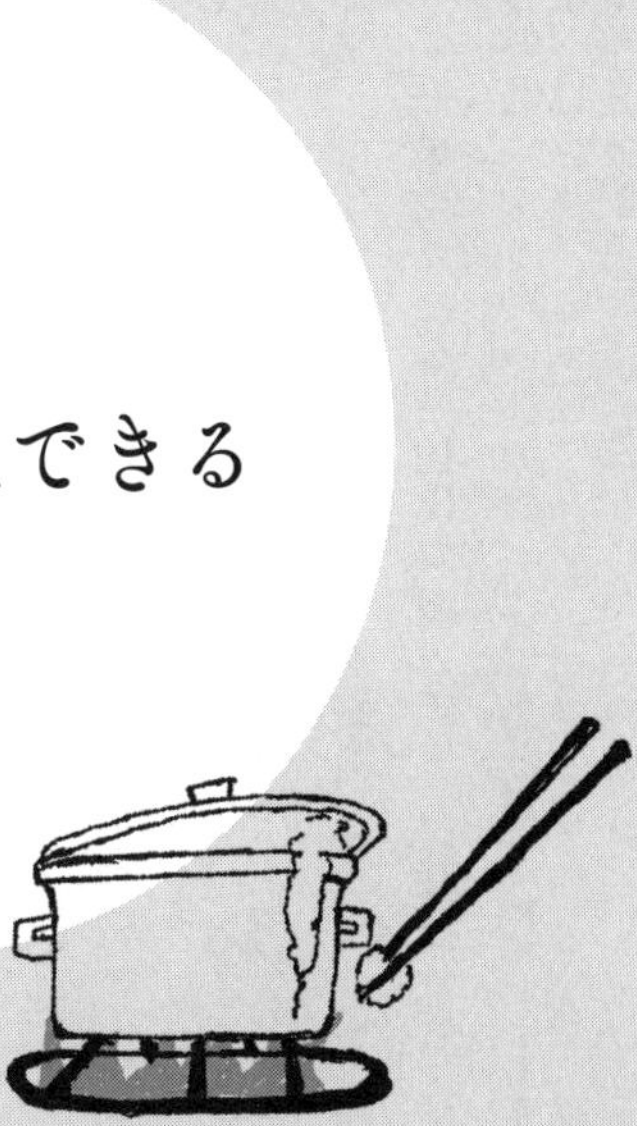

調味料の種類を少なくする

基本の調味料プラス乾物が私流

和食における基礎調味料は、語呂合わせで「さしすせそ」と呼ばれる。砂糖、塩、酢、「せうゆ」のしょうゆ、味噌の五種。

私がふだん使うしょうゆは二種。濃口のしょうゆと薄口のしょうゆだ。

砂糖はしっかりした甘味にしたいときは黒砂糖、やさしい甘味にしたいときはメープルシロップを使っている。40代で漢方による健康管理を始めたとき、薬を処方してくれる先生にすすめられたのがきっかけだ。和食にも案外合う。

塩は粉状の岩塩を一種類。

酢は「千鳥酢」という日本料理屋さんでよく使われるものとバルサミコを。

味噌も一種類に決めている。

原則これらの基礎調味料のみで、それに加えて、ラクしたいときの「めんつゆ」がこれもまた一種類。

和食がほとんどだが、たまにイタリアン風にする。岩塩とオリーブオイルの組み合わせとか、「千鳥酢」をバルサミコ酢に代えればたちまちイタリアンテイストになる。

私の場合、味付けのアクセントになるのは体にいい乾物。干しエビとか、ゴマも乾物に入れていいならゴマを。白の炒りゴマを、粒のままのものとすりゴマとを揃えている。干しエビとゴマは中華風の味になる。干しシイタケも中華風の味を出せる。

和食なら、サクラエビの干したもの、昆布、煮干し、ちりめんじゃこ。干しシイタケは中華と和食、両方に使える。

そういう乾物を準調味料のようなかたちで使って、同じ野菜や海藻類でも違ったテイストで楽しんでいる。

種類を絞れば味付けに迷わない

前は調味料をいろいろ使うのが好きだった。中華風ならオイスターソース、豆板醤《トウバンジャン》、イタリアンならバジルペーストとか。でも、気づいたら冷蔵庫の中で硬くなっている。瓶の口についたものが固まってフタがよく閉まらなくなり、乾いたまま使いきれず、結局はダメにするということが多かった。

調味料であっても食べ物を捨てるのは気持ちがよくない。いろいろな調味料を試して楽しむのは、いっぺんやってみたからもういいかなと思った。

以来、家に置く調味料の種類は少なくなる一方。しょうゆを例にとっても、あれこれ買わないで、銘柄を決めると、だいたいこれぐらい入れればこのぐらいの塩気になるなと感じがつかめるので、日々の調理がラクになる。

調味料の種類を絞り、その絞った種類の中でも銘柄を決めてしまうと、何度も何度も味見して、足したり引いたり——引くのはできないから水を加えることになるが——しなくてすむのでおすすめだ。

冷蔵庫の中も何があるかわかりやすいし、取り出しやすい。「ああ、また、買っても使わないでダメにしてしまった」という自己嫌悪に陥らないですむ。味付けに迷わないから時短につながり、数を絞れば省スペースにもつながる。目新しい調味料をつい買いたくなるのはわかる。

私が家でよく食事を作るようになった頃は、ちょうど日本に今までなかったような調味料がたくさん入ってきた時期だ。イタリアンとかエスニックとか。日本にいて世界の調味料が、わりあい安く簡単に手に入るようになったと、嬉しくて面白くていろいろ試した。でもそういうブームは、今の私にとってはもう過ぎたと感じている。

ガーリックオイルとか、ジンジャー入りの何かとか、店で見ると心ひかれるけれど、「ガーリックそのものとか、ショウガそのものとかを、今ある調味料に加えればいいいな」と思い直して、買わずに帰る。

家にある調味料で作りにくい味のものがもし食べたくなったら、外食してもいいかなと。そのくらいのゆるい構えでいる。

めんつゆを補助的調味料として使う

味のベースにして足し算・引き算

味付けのときにめんつゆは便利である。そして時間がないときほど便利。しょうゆとみりんを合わせると、アルコール分をとばすのにちょっとは火を通さないといけないが、めんつゆは火を通さずに使える。

私は急ぐときは、たとえば煮物を作るにも、めんつゆを入れて、それをベースに、今日はちょっと甘くしたいなと思ったらメープルシロップを足したり、今日はちょっとしょうゆの香りを抑えてすっきりめに仕上げたいなと思ったら、塩少々とみりんを足したりといったアレンジをしている。

ベースとして持っておくと、あとは自分のそのときの食べたい味に合わせて、

めんつゆにちょっと工夫。料理によってメイプルシロップ、
塩、みりんなど加えて自分好みの味に。

あるいは食材に合わせて、足し算、引き算で作れる。

ただ、めんつゆばっかりだと飽きることは飽きる。

知り合いの女性で、めんつゆを愛用していたけどやめた人が言うには、みんな同じ味になっていることに気づいたんだそうだ。

その人はほんとうにヘビーユーザーで、おひたしにもかけ、納豆にもかけ、煮物もそれで作り、焼いた魚にもかけていたという。そうすると、たしかにみんな同じ味になってしまいそう。

食材に味がしっかりあれば、時にはめんつゆはなくてもいいと心得て、頼りすぎない。あくまでも補助的な位置付けで備えておく。

プラ容器入りの濃縮タイプがおすすめ

他の調味料同様、めんつゆもやはり一種類に決めておくのがおすすめだ。

選ぶポイントは、添加物の少なさだ。

今使っているのは「化学調味料無添加」とあって、漢方の先生もこれはわりあいいいと言っていた。スーパーでも置いてあるところはあるが、はじめて選ぶなら健康食品店に行くといいだろう。保存料も含まないので、開封後は冷蔵庫に入れている。

他のポイントとしては、薄めて使うタイプかどうか。

私のは薄めて使うタイプで、こちらのほうがおすすめ。薄めないタイプだと一本がすぐなくなってしまうからだ。

それと、容器も選ぶポイントのひとつ。

ガラス瓶よりもプラスチックのほうが、扱いがラクだし、使い終わった後の処分もしやすい。私の使っているものはペットボトルに入っていて、空にしたら洗って回収に出している。

あとあとラクな無農薬野菜

サッと洗えば皮むき不要のものが多い

無農薬有機野菜には、距離感のある人もいるだろう。

「無農薬有機にこだわる人って、なんかうるさそう。〝食に気を使ってます、そのためには調理の手間を惜しみません〟という感じ。私、そんなことできない」

こう具体的に書けるのは、自分がかつてそう思っていたからだ。が、試しに無農薬有機野菜にしてみて変わった。

無農薬というだけに農薬がついていないので、農薬を気にして必死になって洗わなくてもいいし、皮もむかなくてもいい。水を流しながらちょっとタワシで汚れを落とせばそれだけで十分。手間が省けて、実はとてもラクだ。

素材の味が濃いから味付けが簡単

味つけの手間も省ける。ふつうの野菜と比べると野菜そのものの味が濃いので、がんばって味を入れ込まなくていい。今の私が少ない調味料ですんでいるのは、この無農薬野菜に変えたことと関連しているような気がする。

以前、私は無農薬・有機野菜にかなり懐疑的だった。

「農薬を使えるようになって、生産性が上がっていいではないか。有機肥料より無機肥料のほうが、衛生的でいいではないか」くらいに思い、ニンジンひとつでも、無農薬とも有機とも書いていないふつうのものを買っていた。

試しに無農薬有機野菜を宅配で取ってみて、最初にニンジンがきたときのこと。それまでのクセで調理の際まず皮をむく。と、ピーラーで擦《こす》ったとたん、青臭いような、甘いようなニンジンの香りがパッと立ちのぼって驚いた。

生のまま囓《かじ》ってみると「えーっ！　すごく味が濃い！」。たとえが妙だが濃縮ニンジンジュースのような味といおうか。

調理も、前はニンジンだけを煮るときはニンジングラッセのように、バター、塩、砂糖、アクセントにコショウとか、ときによっては洋風だしを入れていた。でも、砂糖を抜いても「あ、甘い」とか、バターでなくてオリーブオイルで「十分コクがあるな」とか、コショウやだしでアクセントとか旨みを加えなくても「ニンジンそのものの味でよくないか？」と感じるままに徐々に引き算をしていって、味付けがどんどんシンプルになった。

そうすると調理そのものも、何もニンジンだけを長時間かけて煮なくても、他の野菜といっしょに圧力鍋で短時間で蒸してしまって、食べるときにオリーブオイルと塩をかけるだけでいいなと。引き算の結果、調理法もシンプルになっていった。

ラクなだけでなく、ライトな油と薄い味付けですむのは健康にもよさそうなので、以前の野菜に戻ることなく続けている。

ズボラでも作れる冷蔵庫ぬか漬け、3つのメリット

その1　調理なしで野菜がとれる

ぬか漬けを作っていると言うと、みんながまず、言う。

「毎日なんか、とてもかき混ぜられない！」

ほとんど異口同音に。

でも、それは実は思い込み。毎日かき混ぜる必要はない。冷蔵庫で作ると二、三日にいっぺんでいいくらい。

夏の暑いときにも腐らせてしまう心配がなく、部屋に臭いもしなくてすむ。

ぬか味噌は、がんばって一から作らなくても、すでにできているものがスー

パーなどで市販されていて今は気軽に手に入る。私はたまたま家で精米するため、そのぬかで作っている。ぬかと塩と水だけで作れる。

ぬか漬けがあると、常に野菜を簡単にとれる。

特に根菜を、何の調理もしないでとれる。

ニンジンなど買っても意外と調理法を思いつかないものだ。思いついても、火を通すものがほとんど。

火を通すことでは、緑黄色野菜全般がそう。ホウレンソウとか小松菜とかの葉物は、サラダでも食べられないことはないが、量をとろうとすると、茹でるか炒めないといけない。

ニンジンは色は橙《だいだい》だが、ホウレンソウや小松菜と同じ緑黄色野菜だから、火も通さずに、とりあえず緑黄色野菜がとれるのはラク！　聞いた話では、ぬか漬けにすると生でとるよりも栄養素が増えるともいう。

その２　冷蔵庫で作れば塩分控えめ

前は漬け物というと塩からい、塩分とりすぎというイメージで、体に悪そうと思っていた。が、ぬか漬けを冷蔵庫で作れば、塩分は控えめにしながら、栄養素も増すと、いいとこ取りができる。ニンジンのぬか漬けなんて、漬け物というよりスティックサラダの感覚で食べている。

しかも生よりたくさん食べられる。スティックサラダのニンジンは、そうたくさん食べられるものではない。固いし、喉の通りをよくするためにマヨネーズをつけたくなる。

ダイコンは、買ったけど使い切れない野菜の代表のようなもの。そうした使い途《みち》に困る野菜をほぼ何でも入れられるのも、ぬか漬けのよさだ。

漬ける日数は、ぬか漬けの塩分による。塩分が濃いと早く漬かり、薄いと日数がかかる。私のはかなり薄いので、一日だとまだほとんど生。二日めからしっとりして噛みやすくなり、旨みも増してくる。

でも急ぐときは、ニンジンなら四つ割にして漬けるなどして調節も可能だ。定食屋さんで出る浅漬けよりも、塩分は少ない。しょうゆをかけてもいいくらい。サラダにドレッシングをかけたり、スティックに塩をつけたりするより、塩分摂取は少なくてすむと思う。塩分の気になる人にはおすすめだ。

その3　発酵の力でしっかり「腸活」

ぬか漬けを作っていて感じるのは、発酵《はっこう》の力のすごさ。冷蔵庫だから少ない塩分でもっているが、それでも容器の上のほう、菌の働いていないところについたぬか味噌はカビて灰色っぽくなってくる。でも、菌の働いているところはカビもしないで、全然違う色を保てている。

耳かき一杯程度のぬか味噌に、何億という微生物がいると聞いた。腸にも大いに働きかけてくれそうだ。

ぬか漬けはかき混ぜるのが面倒と言ってピクルスを漬けている人がいたが、レシピを調べたら、ピクルスのほうがたいへんそうに私は感じた。酢、白ワイン、砂糖、赤唐辛子、ローリエとか準備するものも多いし、瓶も消毒してとか。

ぬか味噌にも容器は要る。私はシール蓋のホーロー容器（野田琺瑯《ほうろう》「ぬか漬け美人」）を使っている。

市販のぬか味噌には、パックに入って容器を用意しなくてすむものも売っている。

ダイコンとニンジンとカブ、夏ならキュウリとピーマン、ナスなど。とりあえず淡色野菜と緑黄色野菜の両方がとれて、火を使わず根菜もとれる。

その上、確実に腸活にもなっており、とても助かっている。

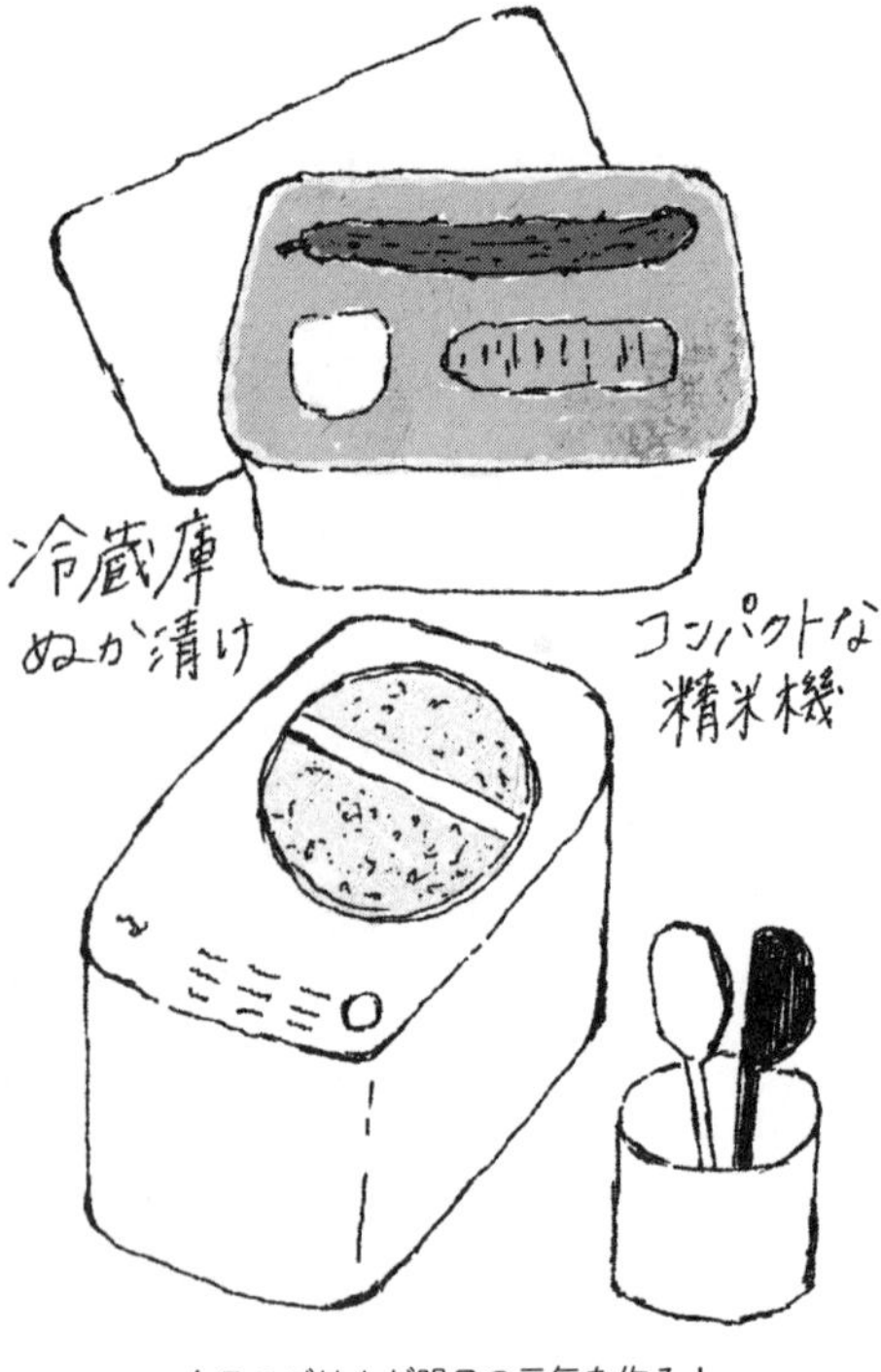

今日のごはんが明日の元気を作る！

ひとり暮らしを支える小さなこだわり。

ひとり暮らしに役立つコンパクトな「精米機」

お米をひんぱんに買わなくてすむ

私は玄米ご飯が好きなので、お米は玄米を買っている。玄米のまま炊いたり、胚芽米にして炊くことも。そのために小さな家庭用精米機（通販生活）を持っている。人に話すと自宅で精米するなんて「ハードル高すぎ！」と言われてしまう。

でも、ラクな面もある。そもそもひとり暮らしだと、お米はそんなに早く減らないものだ。お米は精米した後にどんどん乾いていったり、味が落ちていったりするという。

うちで精米するのなら、５キロ入りの袋で買っておいても大丈夫。何ヶ月かに一回買うだけですむからだ。

それに家庭用精米機はそんなに大きなものではない。精米機と聞くと、手間がどうこう以前に「そもそも置けない」という反応をする人が多いが、家に来たとき現物を見せると「えっ、これ？　保温ポットかと思った」。

まさしく見た目もサイズ感も保温ポット。もし家に保温ポットを持っているなら、それと同じぐらいの場所に置けてしまうのだ。

搗《つ》き加減は白米、胚芽米とかいうダイヤルがあるから、そこで選んでスタートを押す。後は機械にお任せで、中のステンレスの網カゴがグルグル回ってくれて数分で終了。なんと一合から精米できる。

ゴミにならない循環システム

精米したてのご飯は、ほんとうに美味しい！　古米か新米かとか、銘柄とかを問うよりも、確実に美味しいご飯を味わえる。

精米し終わると、回っていたカゴの中に白っぽくなったお米が残って、この外側にお米のもみ殻《がら》、おがくずみたいな色の粉が出る。

ごみではない。その粉がすなわち〝ぬか〟。

このぬかをぬか味噌に加えて、週に一回買った野菜を適宜、漬けては食べ、食べては足ししていく。ダイコンやカブの葉とか、調理しづらい先っぽのほうなども。

素材のすべてが回っているというか、ムダがない。

「ぬか漬けをしています」とか「家でお米を精米しています」と言うと、なんか古民家みたいなところに住み、ぬか漬けを甕《かめ》みたいなので作っている。

精米機のほうは水車小屋みたいなところでなんてイメージするようだけど、ふつうの集合住宅の、狭くて二人は立てないくらいの台所でできてしまう。

「精米しなきゃ」「ぬか漬けもうちで作るなんて」と別々に考えると、とても面倒そうだけれど、ひとたび循環のシステムのようなものができてしまうと、どちらかを止めようという気は起きてこないものだ。

何かと助かる乾物食品

「乾物オールスターズ」があれば安心

食材でムダを出すことは、ほぼナシですんでいる。冷蔵庫に今何があるかがだいたい頭に入っているためが大きい。

ぬか味噌には、どの野菜を漬けてあるか。乾物は削り節と岩のりは今けっこうあるな、ちりめんじゃこがそろそろ尽きかけているな、とか。

常備を心がけているものがある。調味料のところで、味付けのアクセントになると書いた干しエビ、干しサクラエビやちりめんじゃこ、そしてイワシの削り節。カツオ節に比べて一般的でないが、自然食品や生協でも店舗によって販売しており、カツオ節よりも安価だ。

他にものり、アオサまたは岩のり、だし昆布、干しシイタケ、ゴマ。

こうしたものが冷蔵庫のどの棚にあるかとか、どれが少なくなっているなといったことも、なんとなく把握している。

量の変動があるだけで、常備する品の種類にほとんど変動はない。新しいものを買ってみることはあまりなく、品揃えは定まってきた。

使いやすく美味しいという意味で、自分にとってベストな食材であり、一般的にも健康にいいといわれる食材ばかり。

おかずを作る時間がないとき、買い物に出られないときは、とても助かる。

「出先でお昼を食べる時間がないかも。でもお弁当を作る時間もないし……」

そんなとき、ゴマとちりめんじゃことサクラエビを、冷凍のご飯を温めたものに混ぜ込んで、ラップごとギュッギュッとにぎってそのまま持って出ると、けっこう腹持ちのいいおにぎりになる。

今挙げた具を「乾物オールスターズ」と私は呼んでいて、いざというときの心強い味方である。もちろん全部揃えなくていい。

開封したら冷蔵庫で保管

東日本大震災の後、スーパーで食材が買えないときは、乾物にほんとうに助けられた。

計画停電でスーパーが早めに閉まったり、流通が平常通りでなかったりして、生鮮食品が買えないときでも、家に残っていた小松菜に、買い置きのサクラエビをどっさり入れて、油で炒めるなどすればおかずになる。

コロナ禍でスーパーに行く回数を減らしたときも助けられた。

長持ちして保存ができるのが乾物のよさ。でもそれが油断を招くのか、余らせてしまうものの代表例でもある。

なので私は封を切ったら冷蔵庫に入れて、自分の中では生鮮食品に似たような扱いにする。いつも目のつくところに置く。

冷蔵庫の中にあると、嫌でも見る。流しの下や天井に近い戸棚などにしまい込むと、それきりになってしまいそう。

「保存食なのに、なぜ冷蔵庫？」と思う人もいるだろうが、あえて冷蔵庫に入れて使いきるようにしている。

結果的には乾物の品質保持にもなる。家の中もけっこう湿っぽいので、乾物といえどもカビが生えることもあるが、冷蔵庫ではその心配がない。

前もって戻さなくていいものが増えた

「あると便利そうだけど、乾物になじみがない」という人には、私の挙げたものをいきなり全部常備しようとせずに、とりあえず使えそうなものから試すことをおすすめしたい。ちりめんじゃこなら、ご飯にかけてもどんどん食べられるので、まずはそれだけとか。

ふだん即席味噌汁を使っている人は、削り節とアオサか岩のりを加える。カップにそれらと味噌を入れてお湯を注げば、即席味噌汁を作るのと手間は同じだ。

はじめからだし昆布とか、干しシイタケまで買わなくても、ちりめんじゃこ、削り節、アオサあたりをきっかけにするといいと思う。

付け加えれば、干しシイタケは丸のままのものではなく、スライスが断然使いやすい。汁物でも炒め物でも「何か具がもう一品欲しい」というとき、歯ごたえや旨みを増してくれる。小さな器に水といっしょに入れて、電子レンジにかければ、それなりに戻る。

乾物イコール長時間水にひたして戻すもの、というイメージをまずなくそう。

キッチンバサミの使い方自由自在

まな板と包丁の代わりに

キッチンバサミはとても使える道具。よく切れて、魚の骨まで切ることができる。ホッケの干物なんて大きいけれど、買ってきたらキッチンバサミで骨ごと切り分け、ラップに包む。

特別なメーカーのものではなく、ふつうのスーパーで買った。刃を外して二枚に分けて洗えるから衛生的。手で洗うのが面倒なときは、食洗機に入れてしまう。ステンレスなので錆《さ》び知らずだ。

まな板を使わなくてすむのがいい。煮物に油揚げを使いたいとき、まな板の上で切るとまな板が油っぽくなり、油揚げ一枚切っただけでも、洗剤をつけて洗わないといけなくなるが、キッチンバサミを使えば、煮物の鍋の上に手でぶらさげた油揚げを、下から切り落としていくだけ。

ネギの輪切りを汁物か何かに入れたいときも、まな板で切るとけっこうネギの臭いがついてしまうが、そんなときもキッチンバサミで。

「まな板一枚洗うのを億劫がっていてどうする」と言われそうだが、洗うのはまだよくても、すすいだ水の垂れているまな板を置く場所に困るのだ。布巾で拭くと、それだけで布巾が水をたくさん吸って、替えないといけなくなるし。

洗い物が減り、食中毒対策にも

アジの干物の頭と尾を焼く前に切り落とせば、載せるお皿が小さくてすむ。イカの干物……を焼く人が、読者にいるかどうかはわからないけど、そのまま焼くと反ってしまうので、輪切りにしたり、足も短く切ったり。

生魚の切り身も、包丁で少し切れ目を入れれば早く焼けるが、包丁を洗わない

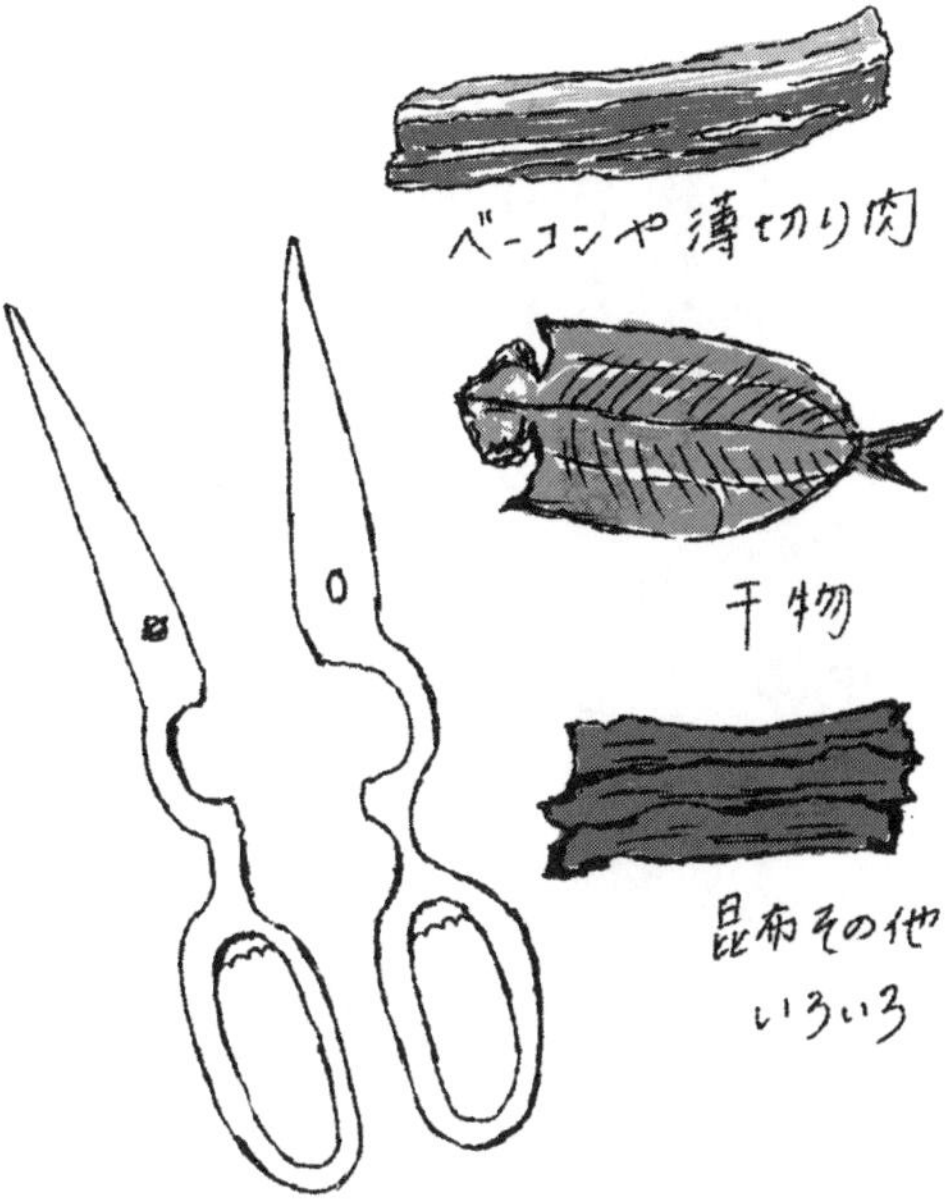

野菜をチョキチョキ。キッチンバサミなしの料理なんてもうムリ。
包丁とまな板を洗う手間なし。2つに分かれているモノが衛生的。

といけなくなる。なので、そこはキッチンバサミの刃を包丁代わりに使って、食洗機へ。

ぬるぬるしたナメコなどの食品の袋を切るときなど、使い途は多い。

友人は、ベーコンをスープに入れるときよく使うと言っていた。それから豚の薄切り肉を小さく切って、豚汁にしたりも。

肉を切ると、まな板がよく洗えているかどうか気になるもの。食中毒の季節には特におすすめだ。

切れないものは思いつかないくらいだ。焼きのり、硬いだし昆布。納豆まで切っている。ふつうの納豆を買ってあるけど、ひき割りも食べたいなというとき、納豆の容器の中にキッチンバサミを突っ込んでする。納豆なんてまな板に載せて切りたいとは、なかなか思わないだろう。

気軽に切れて、洗い物が少なくすみ、食中毒対策にもなってと、私にとっては二重三重に重宝な道具である。

食洗機で体力と気持ちにゆとり

高温洗浄という安心感

食洗機は40歳で病気をしたときから、使いはじめた。

今の食生活にシフトしたのが、同じ頃。

最初は慣れないから作るのにどうしても手がかかる。体力も落ちているから、この食生活を続けていくには、どこかで手を抜かないと続かない。

手を抜けるところはないか？

あるとすれば食器洗いだなと思い、思い切って買った。

実は震災の後、節電しなければならないと、しばらくは使うのを止めていた。

でもある夏の晩、食器を布巾で拭いて戸棚にしまった後、翌朝出したら食器がなんだか臭《にお》った。

調べると、台所用布巾は少し湿ったままかけておいても、半日でものすごい数の雑菌が繁殖するらしい。

それを知って、食洗機のほうが安全なのかなと考え直した経緯がある。洗う工程の最後のほうで、八、九〇度のお湯で高温洗浄をするという。なので終わってすぐに開けると、熱のせいでほぼ乾いた感じになっている。高温洗浄で、たいていの雑菌は死滅すると聞く。熱湯消毒するようなものと思えば、布巾で拭くより衛生的と言えるかもしれない。八、九〇度のお湯ですすぐなんて、手洗いでは絶対できないことだ。

「水切りカゴと同じスペースに置ける」というふれこみのを買い、調理台の奥の壁にくっつけるようにして置いていた。それなりの場所はとるけど、手前のスペースで調理できるし、食洗機の上に使いかけのものとかも載せられた。

その後キッチンをリフォームした際、ビルトインタイプのものに替え、使い続けている。

メーカーによれば手洗いより節水にもなるそうだ。

とはいえ電気は使うので、せめて、入れる洗剤は環境負荷の少ないものにしている。

食洗機に任せてもいいと思うだけで気持ちがラク

雑菌の繁殖が気になる夏以外は、食洗機を使わずに手洗いすることもあるが、食洗機に任せてもいいのだと思えると、結果的に使わなくても、気持ちはぐんとラクになる。

はじめは、ひとり暮らしで食洗機なんて贅沢すぎるのではと思った。

母親の頃は他の家事にもっと手がかかったのに、怠けているような後ろめたさがあった。

でも、手術後の体力の落ちているときでもあり、とても救われた。

病気からずいぶん経ち、今は健康を取り戻したが、それでも、疲れたときやどうにも気力のわかないときは頼ってもいいのだと思うと、気持ちの上でやはり助かる。

いざとなれば頼れる余裕のせいか、一回の食事に器の数は割りと惜しまずに使っている。ご飯茶碗、味噌汁用の碗に皿が何枚か。煮物は煮物、ぬか漬けはぬか漬けと、一つひとつ別の小皿に入れて。

カフェごはんみたいに、大きめのワンプレートにちょっとずつ盛るのが楽しいときもあるけど、飽きてしまうのだ。基本は別々の器に。

ほんとうにくたびれたときは、買ってきたおそうざいをトレイのまま食べたり、納豆をパックのまま食べたりは、私もする。

が、できるだけ器に移したい。

食べるものは同じでも、そのほうが食事らしくなる。

気持ちが違う。

食洗機が適さない器もある。食洗機に入れられないものもある。漆《うるし》のお椀は食洗機に入れられないというが、それで味噌汁をあきらめてしまわずに、陶器のお碗やマグカップで味噌汁をいただくこともする。

そうした、いろいろな楽しみ方ができることを含めて、器が好き、器を使うことが好きである。

自分の体質に合い、体調がよくなる食べ方で

人によって体質はいろいろ、持病もいろいろだから、食事において気をつけていることがそれぞれにあると思う。

私は胃腸がタフではないらしく、油脂がもたれる。おのずと和食になり、タンパク質も魚でとっている。主に焼き魚、たまに煮魚。いずれも脂が適度に落ちる。肉は油を使う調理が多いし、肉の脂も私にはもたれる感じで、とるなら外食で、年に数回くらい。

ただし油脂そのものは体にとって必要な栄養素だ。たまに揚げおかきを食べたくなるのはそのせいかも。えごま油やオリーブオイルを野菜のおひたしや和え物に垂らして、ときどき補う。肥満の敵ともされる油脂だが、自分に合ったとり方をしていきたい。

第 3 章

体が資本。
簡単料理でも
しっかり食べる

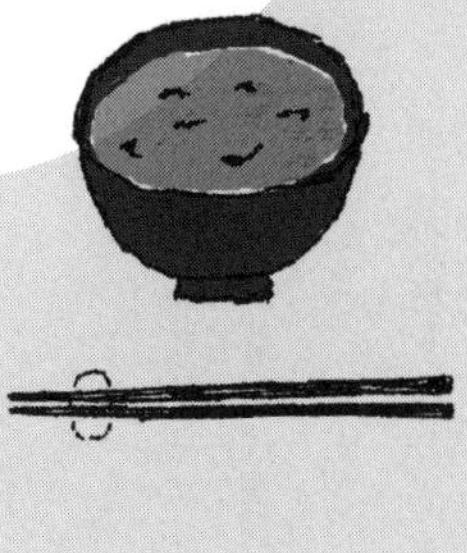

時短・節約にはまとめ買いがいちばん

野菜をいかにラクにバランスよくとるか

食事の買い物は、毎日は行かない。多くて週に二回だ。

野菜は週に一回、近くのスーパーが無農薬有機野菜を仕入れて売るので、そのときに買う。足りなくなったときもう一回行くことがあるが、基本は週一回のまとめ買い。魚や納豆も野菜を買う日にいっしょに買って冷凍してしまう。

まとめ買いといっても、一週間分の献立を考えて必要な食材を割り出すことはしていない。そこまで計画することは、ちょっと面倒というか、ムリ。

汁物はよく作る。冬はダイコン、ゴボウ、ニンジンとかで、けんちん汁のようなもの。夏の根菜の少ないときは、カボチャを味噌汁にする。いずれにせよ野菜の具のたくさん入った汁物は、なるべく週一回は作るようにしている。

一回にまとめて作ってしまうとラク。二日か、どうかすると三日ぐらい食べ続ける。

献立は決めておかなくていい

作り置きの汁にできそうな野菜と、ぬか漬けにできそうな野菜は必ず買うが、後はもう行き当たりばったり。計画的に表を作って、月曜はダイコンを使い、火曜は何を使い、といった几帳面なことはしていない。

なので無農薬野菜が入るのは土曜なのだが、最後のほう、金曜になると、野菜が足りなくなってぬか漬けばかり食べるといったことも起きる。

それでも、まとめ買いにしてから、買い物にかかる時間は減った。

のみならず、出費もたぶん前より減っていると思う。

買い物に行けば、いろいろ目に入る。なくてもすむものを買ってしまいがち。

買い物の回数を減らすことで、よけいなものを買うのを防げ、節約になる。

自分の生活サイクルに合う宅配サービスを探す

ただ、一回ですませようとすると重いので、自転車で行くことにしている。宅配も考えた。実際、野菜を注文していた時期もある。

週に一回自宅に届く宅配サービスのときは、自分の使い方と合わない野菜がけっこう来てしまっていた。

私が以前利用していたシステムは、内容を自分で選べなかった。農家の組合でそのとき穫れたものを無農薬野菜セットのような感じで詰め合わせてくる。買い物はラクだけれど、ひとり暮らしの私には使い勝手がよくないので、買い出し方式に変えた。

もし内容がお任せで構わなければ、宅配はかなりラクだと思う。

会社勤めの人でも、宅配を利用している人は多い。知り合いの女性は体調不良をどうにかしたくて、漢方の先生に相談したら、外食ではなくお弁当を持っていくようにすすめられ、スーパーへ行く時間がないので宅配を取りはじめた。

ひとつの業者に決めるまで、いろいろ試したそうだ。中身や届け方が、自分に合うものを探した。届け方というのは、不在でもドアの前に置いていってくれるとか、そのとき前の箱を引き取ってくれるとか。その女性は宅配ロッカーのないマンションに住んでいた。

食を含め、そういった自分の生活サイクルに合うのを探すと、無理なく続けられそうだ。

私が前に取っていたセットは、野菜の質はよかったけれど、必ずしも私にとってベストな仕組みではなかった。家族で食べることを想定しているようで、量が多いのだ。

冬になると必ずダイコンが丸々一本と大きな白菜が一個ずつ入ってきて、どうがんばっても食べきれない。ひとり暮らしで、毎週毎週ダイコンと白菜がドーンと来るのはつらいなと。

前の月に次の月の全部の週のを申し込んで前払いするので、急に家を空けることになっても休めないのもきつかった。

調理のハードルの高い野菜もけっこうあった。原則「ぬか漬けか汁物にすればなんとかなる」という主義の私だけれど、冬瓜《とうがん》は大きくて、水分が多すぎるし、煮ると苦みが出るしで、さすがに使いにくくて半分以上余らせてしまった。

今の方式に変えてから、野菜のムダはほんとうに出なくなった。捨てるということは、まずない。

私は当面は、買い出し方式でいこうと思うが、宅配も生協をはじめ、今はいろいろある。内容を選べるものや、定期購入でもそのつど申し込むのでもいいなど、仕組みもさまざま。

近くに店のない人や、買い出しを負担に感じている人は、調べてみるのもいいと思う。

続けられる「おうちごはん」

鍋を使わず一食できる方法

体のことを考えると外食はなるべくしたくないけれど、外ですませて帰ればいいかにラクかも知っている。

ぬか漬けを作っていると言うと、料理が好きで、かっぽう着をつけて、だしもきちんととる人のように思われるが、私としては全然逆で、家にいるときでもできるだけ時間をかけないで一食すませたいのだ。

ぬか漬けの話でニンジンをよく例に出したのは、ニンジンを調理するなんて、ものすごくハードルが高いことだったから。皮をむかないといけないし、火の通りは悪いし。それを解消してくれたのがぬか漬けにしてしまうことだった。

ひとり暮らしをはじめた人は、野菜のおかずがいちばん面倒だという。手数が多いからだ。わかる気がする。

家で仕事をしていて、「さあ、いい加減、食事にしないと」と台所へ行くとき、野菜のおかずを作るのが、限りなく億劫なときがある。ホウレンソウの袋を開けて、束をほぐして一回分だけ取り分け、ボウルに水を張り、その中で揺らしてすすぐ、お湯をわかして……と考えるだけで。

そんなときは、とにかくメインのおかずの干物をグリルに入れ、スタートボタンを押す。

機械が焼いている間に、私はぬか漬けを切って、お碗に削り節・アオサか岩のり・味噌をひとつまみずつ入れて、やかんで沸かしたお湯を注《そそ》いで即席味噌汁に。後は納豆でも付け加えれば、鍋も使わず取りあえず一食が調う。

ご飯も一回に最低二合はまとめて炊いて一食分ずつ冷凍するので、それを電子レンジで温めれば、ほとんど調理らしいことをせずに、ご飯、味噌汁、魚、野菜のおかず、小鉢といった定食ふうのものが食べられる。

おうちごはんはがんばりすぎると続かない。

時間がないとき、疲れているときでも、すぐできる一食。

ラクして、それでも、まあまあ健康的な食生活を維持するにはどうするか？
それを懸命に考えたのが、このシステムなのだ。

タンパク質も野菜もいっしょに調理

最小限に一食調える方法には、土鍋の利用もある。土鍋というとまた、かっぽう着をつけてみたいな昔ふうのイメージがあるが（かっぽう着を目の仇《かたき》にしているわけではない）、そうではない。ひとり暮らしの人にもすすめられる、合理的な調理法だ。

土鍋でも小型の、ひとり分に適したものが売っている。冬ならタラなどの魚、キノコ類、白菜、ネギ、あればカブなんかも適当に入れる。だしの出る昆布も一枚いっしょに入れて沸騰させたら小松菜のような青物も加えて、火が通ったらできあがり。

塩、しょうゆ、ポン酢、あるいはめんつゆでも、好きな調味料で熱々を食べる。

残った汁にうどんを入れたり、ご飯を入れて雑炊にしたりすれば、ひとつの鍋で全部すんでしまう。完璧です。

冬は土鍋、暑い季節にはグリルで魚（肉）とピーマン、ナスなどの夏野菜をいっしょくたにホイルにのせて焼く。調理も洗い物も少なくてすむ。トマトは生で食べられるが、焼くと汁が出てソース代わりになる。

最小限の手間でできるメニューをいくつか持っておくと、面倒でも家で作ることをなんとか続けられる。

味噌汁はひとり暮らしを支える万能スープ

野菜の具をまとめて煮ておく

汁物があるとなぜかほっとする。

火の通りにくい野菜はまとめて煮ておくと、すぐに汁物を作れる。ダイコン、ニンジン、ゴボウなど、時間がないときも野菜、特に根菜類がしっかりとれる。ジャガイモ、里イモといったイモ類は別に煮ておく。煮くずれたり、とろみが出たりするためと、イモ類は他の根菜に比べて「足が早い」気がするため。

野菜をとるのがいちばんの目的だが、それ以外にも汁物があると、喉の通りもいいし体も温まる。ご飯と汁物が揃っていると、なんとなく正しい食事をちゃんとしているという自信にもなる。

味噌汁にするのがいちばんおすすめだ。他で発酵食品がとれなくても、とりあえず味噌で発酵食品をとれていることになる。

発酵食品は体にいい、腸にもいいとは知っている。

納豆もぬか漬けも発酵食品。毎日の食事にとり入れるようにしているが、納豆を切らしてしまったとか、ぬか漬けがまだよく漬かっていなかったというときに、味噌汁さえあれば安心できる。

煮ておいた具は、もちろん味噌汁以外の汁物にも使える。コンソメの素とか中華だしの素とかの粉末調味料を入れて。

手間いらずでだしをとる方法

昆布とシイタケのだしは和風のイメージだが、洋風にも中華風にも振ることができるというのが私の実感。煮干しだしと違ってクセがない。

だしをまったく入れずに、水だけで野菜を煮て汁物のベースとしておくよりは、昆布だしかスライス干しシイタケのだしで煮ておくほうが、後の調理がラク。スープでなく味噌汁にしたい日には、味噌を溶き入れさえすればできる。

味噌はほんとうに便利だ。

いろいろな調味料を加減しながら入れるより、ひとつで味が間違いなく決まる。毎日飲んでも飽きない点でも、まさに万能調味料だと思う。

カボチャは汁物ならポタージュスープのイメージがあるらしくて、味噌汁にすると人に話すと、「え！　カボチャの味噌汁？」と言われて、味が想像できないようだけれど、ちょっと意外な野菜でも、汁物としてそれなりに味をまとめてしまうのが味噌のすごさ。

カボチャですまし汁は難しいし、ポタージュスープだと牛乳を入れたりバターを入れたりと複雑なことをしたくなる。簡単に作れることでは、味噌汁がいちばんだ。

作り置きは気分と勢いで

今手元にある材料、今とりたい食品で作る

作り置きをよくするのは、汁物の他では煮物だ。

厚揚げ、あるいはしらたきを買ってきて、それとタマネギをいっぱい刻んで、キノコ類と煮ておく。ニンジンを加えれば根菜もとれて、なおのこといい。

たまにがんばって、ひじきを戻して、油揚げやキノコ類といっしょに煮ておく。

キノコには、スライスの干しシイタケを使うこともある。包丁要らずでできる。

あまりがんばりすぎないことが、続けられる秘訣である。

たとえば私は、ひじきを戻すまではできるが、「ひじきといえば、五目ひじきだ」と考えて、それにはニンジンを切らないと、ゴボウも切って入れないと、な

どとなると、考えるそばから挫折する。

「五目ひじき」という名のある料理を作ろうとすると、食材やレシピも決まってきて不自由になる。

料理の名から発想せず、とりあえず自分がとりたい食材、この場合なら「海藻をとりたいからひじきにしよう、植物性タンパク質をとりたいから油揚げを」と、そのときの自分が求める食材から発想する。

それを中心に、後はある野菜で、あんまり刻むのが苦でないものをいっしょに煮ておけば、野菜もついでにとれて便利だ。それくらいのつもりで取りかかる。

「刻むのが苦でないものを」と書いたのは、私は細かな包丁使いをあまりする気になれない。おおまかに切るのが好きで、千切りや薄切りはスライサーを用いている。キッチンバサミもよく使う。

無農薬有機野菜で皮をむかなくてすむことに慣れると、皮をむく必要のあるイモ類は、登場回数がやや少なめ。ときどき食べる果物も、バナナやみかん、ぶどうなど手で皮をむけるものになる。

計画性ナシでＯＫ

作り置きをするタイミングは、時間のあるときが多いが、時間はないけど、しらたきでも油揚げでも、ある食材をずっと食べていなくて、突然欲して「あれが食べたい！」となったときは、夜の一一時頃に作りはじめることもある。あまり計画性はない。

「あれが食べたい！」という衝動にかられたときは、いいチャンス。

その機を逃さず、一気に作る。少々疲れていても、勢いで。

勢いというのは、億劫さを乗り越える大事な要素だ。

たとえば野菜を買い出しに行って戻ってきた。台所にドサッと置いて、冷蔵庫に入れるべきものを入れるが、入れる場所がもうないとき。

「だったら、このまま一気に作ってしまえ！」みたいに、いったん座って休むことをせず、そのまま包丁を取り出して切り始める。買い出しの勢いの延長で。

あるいは、台所に立って鍋を洗って、洗い終わってもまだ何かできそうというときに、洗ったばっかりの鍋をしまわずに、何か材料を放り込むとか。

余勢を駆ってすることが、私の場合は多い。

計画を立てて、たとえば日曜は作り置きデーにするといった決め事にしてしまうと、何かの理由、たとえば作り置きデーの日曜日なのに用事ができるなどしてリズムが崩れると途切れてしまいそうだ。

計画をあらかじめ立てずに、気分が乗ったときに作り置く。

そのため、日持ちのしない食材や冷凍に向かない食材は、おのずと登場しなくなる。豆腐や生のキノコ類だ。納豆や干しシイタケで補えるのでいいかなと思っている。

ご飯はまとめて炊いてストック

炊き立てを冷凍するのが断然おいしい

ご飯を毎食炊くのは億劫なもの。私はある程度まとめて炊き、一回分100グラムずつラップし冷凍する。ひとり暮らしでそのようにしている人は多いだろう。同じくひとり暮らしの女性から「冷凍すると、味がすごく落ちない？」と聞かれたことがある。たしかに炊きたてには及ばないが、それほどひどく落ちるとは感じない。

コツを言うなら、炊いてすぐ冷凍すること。炊飯器で長時間保温したときのほうが、冷凍より味が落ちる気がした。

他にはミネラルウォーターで炊いていることが、味の落ちにくい理由のひとつになるだろうか。

電子レンジで戻し、ラップを解くとき湯気がふわっと鼻先をかすめるが、その湯気の香りがまったく薬っぽくない。空港の売店でおむすびを頼んだとき、「解凍温め」したものなのか、おむすびを割ると湯気が立って、そのとき「あ、水の香りってずいぶん違うんだな」と思った。

また、玄米のほうが冷凍しても味は落ちにくい印象だ。私は胚芽米を炊くときと、玄米を炊くときがあり、比べればそう感じる。

解凍温めご飯を風味よく食べるひと工夫

玄米でないときは胚芽米にして炊く。胚芽米はほとんど白米に近い味だが、冷凍するときワカメご飯にするのもひとつの手。炊き込みご飯のように味をつけるわけではない。冷凍するときに乾物の「ふえるワカメ」を混ぜ込むだけ。余裕があれば、ワカメをちょっと水に戻してから混ぜるといい。

炊き立てをすぐに小分けにして冷凍するとおいしい。
わかめご飯は味付けナシだから超簡単。風味もぐっとアップ！

その時間すらとれないときは、炊き立てのところに乾物のままのを直接入れて、炊飯器の中にミネラルウォーター少々をふりかける感じで足す。

水がやや多めのご飯になるわけだが、混ぜて、それを冷凍すれば、ワカメが水分を吸ってほどよく戻る。解凍すると、ワカメの香りが立って、ご飯そのものの味が落ちているかどうかが気にならない。

また、こちらは冷凍するときではなく、「解凍温め」をして食べるときの話だが、ゴマを入れたり、ちりめんじゃこを入れたりするのも、味が落ちているかどうかが気にならなくなる方法だ。

コツは風味のあるものを足すこと、と言えるだろう。

さらには、冷凍といえども、あまり長い期間置かないことも大事。長く置くと、すみのほうのご飯粒が乾いてスカスカになり、庫内の臭いを吸いやすくなる。それもご飯の味が落ちる原因だ。

私は長くても二週間のうちには食べるようにしている。

おかず、汁物、薬味も冷凍

隙間を作らずラップする

おかずの魚を買うのは週一回かせいぜい二回。すぐ食べる分を除いて冷凍する。たとえばアジの干物の三枚入りを買ってきて、賞味期限が三日後までだったとする。今日一枚として、明日はどうなるか、明後日は？　などと迷っているより、すぐに冷凍してしまう。

明後日までは大丈夫と冷蔵しておいて食べそびれてしまったとか、賞味期限内でも少し茶色っぽくなってから冷凍するよりも、味が落ちない。

干物は生の切り身よりも保《も》ちそうなイメージだが、脂はどんどん酸化する。青魚は特にそうだし、塩鮭やタラでも同じだ。

ラップで包むときは解凍しやすいよう一枚ずつ別個に。隙間《すきま》を作らないようピチッと包む。空気に触れると酸化しやすいし乾燥しがち。

ほんとうはラップに包んだ上に、アルミホイルでくるんで、フリーザーバッグに入れるのがいいらしい。けれど手間からいっても、ゴミが出すぎることからいっても、私はそこまではできなくて、だとすると早めに食べるしかない。

冷凍後、できれば一〇日以内に食べきるようにしている。

冷凍庫には保冷剤がいくつも入れてあり、上からも下からもそれを当てて、なるべく急速に冷凍できるようにしている。

冷凍する前に、キッチンバサミでアジの干物の頭と尾を切り落とすとラップしやすい。包んだとき隙間もできにくい。

どこでひと手間をかけるかといえば、私はこのところだ。

頭や尾の出っ張りがなくなり包みやすいのと、ラップが少なくてすむ。尻尾は、焼くときもそこだけ焦げたりするし。

他に冷凍するものにショウガがある。ショウガは一回買うとだいたい余ってしまうので、買ったときに洗ってまるごと冷凍する。できれば国産の無農薬のを買い、皮ごと冷凍するのがいい。皮をむいてからだと乾燥し風味が落ちる。

使うときは凍ったままおろし金でする。硬いがけっこうすれるものだ。すってすぐはシャーベット状をしているが、あっという間に溶ける。風味は意外と落ちないもの。

ひとり暮らしだと、特にショウガは冷蔵庫に入れっぱなしで、いつの間にかすみに追いやられ忘れてしまいがち。冷凍するほうがムダにせずにすむ。刻みすぎたネギなど薬味の類は結構冷凍が利く。

フリーザーバッグは手で割れるよう薄く平らに

汁物も冷凍できる。たまにだが味噌汁ではない野菜の汁物を作って、このままのペースで食べていくと、冷蔵庫の中で日が経ちすぎてしまいそうだなと思うときにいい。

ジップ式のフリーザーバッグは、液体が漏《も》れないので、汁物も入れられる。

このときのコツは、なるべく薄く平らにすること。

厚みがあると、凍った後、手で割れず、一食分だけ解凍することができなくなる。カレーやシチューを作る人にも、これはすすめたい。

冷凍するときは「ああ、余ってしまう。保存しないと」ということで頭がいっぱいで、解凍するときのことまでなかなか想像しない。

が、凍ってしまうと1センチの厚さでも割るのはかなりたいへんだ。ついつい食べずに日が経ってしまいがち。

必ず手で割れる薄さにしておいて、食べたいとき食べたい分だけ割り分けられるようにしておくことが大事だ。

作ったものの冷凍ストックがあるため、市販の冷凍食品は買っていない。店で冷凍のうどんなどを見ると便利そうで、そのうち検討したい。

生ゴミの臭いをゼロに

ただちに冷凍

わが家の冷凍庫は上下二段になっている。上の段にパンやご飯、ときに汁物を入れている。そして下の段に魚と生ゴミを入れている。ゴミ用に袋をひとつ、口を開けて置いてある。

冷凍庫を開けて生ゴミがあると、見た人はみんな「え？」と驚くけれども、捨てる寸前までは食べ物だったのだ。

アジの干物の頭はさっきまで干物の一部をなしていた。魚を食べた後の骨は、さっきまでお皿に載っていた。

三角コーナーに入れたとたんゴミになるだけ。

そう思えば、不衛生でもなんでもない。

三角コーナーを経由せず、トレーから直《じか》に冷凍庫の袋へ。冷凍すれば、生ゴミによくある臭いを発しない。夏は動物性のものでなくても、たとえば枝豆の皮とか、スイカの皮とかいった植物性のものでも臭うが、あれは腐敗するからだ。

私も以前は、夏にぐったり疲れて帰ってきて、家に入ったとたんすえた臭いに迎えられ、気持ちがめげた。家で食事を作りたくなくなる理由に、生ゴミの臭いがするのが嫌だからという人も多いのではないだろうか。冷凍庫に入れると、障壁がひとつなくなる。

電気も食材もムダを減らせる

冷蔵庫は詰め込みすぎに注意と言われるが、冷凍庫は逆。空間がないほうが効率よく冷やせるという。

冷凍庫は、むしろいっぱいいっぱいのほうが、お互いが保冷剤の役割をして電気代の節約になると聞いた。

はじめは生ゴミのために電気を使うのはもったいなくて後ろめたい気がした。が、そう聞いて、生ゴミも保冷剤の一種と考えればいいなと思った。なので、もう大手を振ってゴミを冷凍している。

調理の際に出たものや、食べ終わって出たものの他、魚の切り身の下に敷いてあるシートや、上に張ってあったラップもサッと洗ってから冷凍庫に入れている。魚の汁は少量でも腐敗するとかなり臭いが出る。

食材そのものを買ったけど使わず捨てるということはほとんどない。適量を買うと、捨てずにすむ。それも生ゴミを減らすコツである。

ムダなく買って使いきるのが理想だが、家族がいるとなかなかそうもいかないだろう。

けれどもひとり暮らしの場合、少なくとも自分だけの分に関しては、食べる傾向がわかってくると、食材のムダは減らせるようになる。

たまには作らずリフレッシュ

おそうざいを買って気づくこと

どうしても家で作りたくないとき、おそうざいを買うこともある。オシャレなデリカテッセンが今はほんとうに多い。利用する駅のビルの中にもたくさんあり、たまに利用すると、いろいろいいことがある。

まず、自分では考えつかない食材の組み合わせがあって、ヒントになる。

そして何より、家で作るときの気持ちがリフレッシュできる。

家で作らなければと思っていると、ときにはプレッシャーや閉塞感《へいそくかん》をおぼえる。外のデリカテッセンがすごくバラエティに富んでいて、美味しいものがいくらでもあるような気がしてくる。

が、実際に買おうとすると、ショーケースの前で、

「うーん、これはちょっと違うな。これもいまひとつ食べたいとは思わないな」

となって、選ぶのは結局いつもシーフードと野菜のサラダのような、決まった二、三種類になってしまう。

そして買って帰ってきて食べると、味が濃すぎたり、オイリーだったりして悟《さと》るのだ。

「自分は、家で作ることに少々気持ちが追い詰められると、外のおそうざいが欲しくなる。でも、これに切り替えるか、というと違うナ」

そっちにすごく豊かな食の世界が開けているわけでもないのだとわかると、

「たまの息抜きにはいいけれど、私はずっとこれでいく人ではないなあ」

と確かめられる。

離れてみて、「おうちごはん」のよさを知る感じ。

作るヒントと、家事をしていく上でのリフレッシュと、そういう意味では活用したい。何が何でも家で作らなければではなくて、

「たまには、あれもアリだ」

と思えると、気持ちもラクになる。

おそうざいを何品か買ってきて食べ終わると、プラスチックの容器がかなり残る。私の住んでいるところでは、プラスチックのリサイクルゴミとして出すには、容器を洗うことになっている。

魚のトレイや納豆のパックを出すときと同じに、洗剤と水を入れてしばらく置く。それでも油や色素が、なかなか取れない。

何品目の野菜が食べられるサラダとか、店内で調理したばかりとか銘打って売っていて、健康的なようでいても、油は相当とるんだなとか、調味料か何かにけっこう色素が入っているのかなと、そんなところからも思うのだ。

サラダ菜一枚、プチトマト三個のアレンジ

これをずっと食べ続けていたら太るな。どこかでデトックスしないといろいろ

なものが体の中に溜まっていきそう。そう感じる。

自分で食材を買って作るときは、何をどれくらい使っているかはわかるので、知らないうちに体に入っているということはない。

「おうちごはん」のよさに、そんなところからも気づくのだ。

買ってきたときにできる工夫としては、まな板と包丁を使わなくていい野菜、たとえばサラダ菜一枚を手でちぎって入れるとか、プチトマト三個を加えるとか。

おそうざいと一緒にミニ豆腐を買ってきて、パックからじかにおそうざいの上へ割り落としてもいい。味が薄まるし、栄養素も増やせる。

そのように少しでも自分ふうにアレンジして、食べている。

重い食材や調味料の調達をどうするか

まとめ作りはラクではあるが、ラクでないのは食材の調達。まとめて買うので量が多い。生鮮食品は週に一回自転車で買い出しにいく。その他の調味料は、スーパーに注文し届けてもらっている。米をはじめ、めんつゆ、しょうゆ、みりん、砂糖など重いものばかりなので、助かっている。

細かい話だが一万円以上買うと送料が無料になるので、一万円を超えるようにざっと計算し、まとめて注文。味噌は冷凍しておけるし、瓶物は未開封ならもつ。開封後は冷蔵庫で保管。

「ひとり暮らしだと減りが遅いのでは？」と案じられるだろうけれど、調味料のアイテム数を絞る成果がここにも出る。アイテムを絞れば早く減り、ふつうサイズの調味料でも賞味期限内に使い切れている。

第４章

部屋をどうスッキリきれいにするか

気になったときが掃除のタイミング

案外、アナログな道具が役に立つ

掃除の気分が乗らないときは、よくある。というより、大がかりな掃除はしたくないと常に思っている。掃除機もなるべく出さずにすませたい。なので、アナログですぐ使えるツールをすぐ手に取れるところに置いている。

床の埃を取るロール式の粘着テープを床近くの収納に。玄関のチリを掃くほうきをシューズボックスの中に。気になったときに、気になったところだけすぐにするのが、結局はいちばん手がかからない。

すぐ使えるようにしていても、掃除を毎日できるわけではない。目の前に埃が溜まっていながら放ってあるときもある。でもあんまり気になると、疲れていてもやろうとするので、ある程度気になるまで流れに任せておくのもいいかと思う。

人を呼んでしまうのも効果的

掃除機を出しての大がかりな掃除も、何曜日は掃除の日といった決め事はしていない。どうにも気になって、「もうこれが限界」とか「よーし、ここできれいにするか！」と一念発起して始めてしまえば、それほど億劫ではないのだが。

たまに人を呼ぶのも掃除の動機づけになる。

人付き合いを面倒に思う私は、友人を招くことはあまりないが、仕事で人が来たり、親の家がなくなってからは兄姉がよく私の家で集まる。

人が来るとなると、嫌でも少しは掃除をする。人を呼べばきれいになる、引っ越しすれば片付くといわれるのはほんとう。掃除が苦手な人は、無理して人を招くのも一方法だ。

そんな工夫で、年に一度の大掃除みたいなものはせずにすんでいる。

扱いやすい掃除道具がいちばん

手元で気軽に使える昔からのほうき

掃除道具はいくつか試したが、おすすめのひとつがほうきとチリ取り。スーパーで売っているごくふつうの座敷ぼうきとチリ取りだ。

以前はフローリングワイパーも持っていた。が、紙を一回一回取り付けるのが面倒なのと、紙がその都度ゴミになるのがもったいなく、外して裏返しに取り付けて使うこともしていた。

資源の問題もさることながら、掃除の効果もいまひとつ。埃や髪の毛は取れるが、お米粒とか砂粒とかは床に残ってしまう。

これだったら座敷ぼうきが万能で、いちばん面倒がない。

ほぼ家じゅうに使える。敷物の上も掃いてしまう。ほうきの一本一本の先は細いので、敷物に埋もれかけたチリや埃も、それなりにかき出せる。気になったらその部分だけササッと掃いて、チリ取りで受けてゴミ箱へ。

使い勝手がいいコードレスのスティック掃除機

かつては掃除機が二台もありながら、月一回しかかけなかった。コードを取り出してコンセントにつなぐのが面倒で、ほんとうに「さあ、かけるぞ」と気合いを入れてかける感じになり、週一回くらいのペースから次第に減ってきた。

そのぶんほうきで掃いていた。月一回の掃除機より、一日一回のほうきである。ロボット掃除機はコードをつなぐ面倒はないが、先に書いたように時間がかかるのと、端っこに弱いという難点がある。部屋のすみは四角だがロボット掃除機は円い。そして埃は部屋のすみにこそ溜まりやすいのだ。

フローリングにほうきがよくないといわれる理由は、表面を傷つけるからとか、継ぎ目にかえって埃を埋め込んでしまうからとかと聞く。が、掃除機でも傷がつくときはつくし、次に掃除機をかけるまで、埃をずっとそのままにしておいて、足で踏んで埋め込んでしまうよりは、気になったときに取ってしまいたい。道具はシンプル・イズ・ベストである。保管の場所をとらないのも座敷ほうきのよさだ。

ふだんはほうき、たまに、とってもきれいにするには掃除機。留守の間にそこそこきれいにしたいときにはロボット掃除機、と使い分けていたが、スティック掃除機で様変わり。

コードレスなのでほうきと同じ感覚で持って回れる。今までの二台にとって代わった。自分に合った扱いやすさのものがいちばんと知った次第である。

トイレはその都度、サッとひとこすり

一連の動作に組み込んでしまう

掃除をいちばんよくするところは、トイレである。

ブラシが置いてあって、使ったらその都度、便器の中をひとこすり。

便座を上げた裏側の、特に前方が汚れやすい。そこにけっこうはねると気づいてからは、使った後、トイレットペーパーでサッと拭うようにしている。

冬場はトイレットペーパーで拭うだけで、何日も大丈夫。夏場は臭いがしやすいので、一日に一回はペーパーで拭うとき泡のスプレーをかけて拭く。どこにでも使えるとうたう住宅用洗剤だ。

袖まくりしてゴム手袋をして、「さあ、トイレ掃除をするぞ」と取り組むような掃除は億劫なので、その都度の簡単な掃除を、トイレを出る際の一連の動作の中に組み込んでいる。そうしていると、汚れはあまり気にならない。

床や鏡もついでにサッと

トイレ掃除のしやすさはブラシ選びによる、というのが私の持論。不織布の使い捨てタイプ、スポンジタイプ、ブラシタイプ。ブラシタイプは形状が全方位に丸いドーム形とカーブ形など、いろいろあるが、私はカーブ形に落ち着いた。便器のふち裏のカーブに沿っているので、こすり残しが少なく感じる。

ブラシを収める容器も大事。私の使っているものは、前からはブラシが見えないが、後ろが大きく開いていてブラシが乾きやすくなっている。容器の底にブラシがつかないのも、水切れをよくするポイント。

ブラシをなるべくきれいに保つのも家事のうち。ラクにしてくれるものを選ぼう。除菌漂白剤でときどき洗い、一年ほどで取り替える。

お風呂をカビや水アカから守る

体を拭いたタオルでついでにまわりも拭く

お風呂掃除で心がけているのは、なるべく水気を残さないこと。使い終わったら、自分の体を拭いたタオルで床や壁に飛び散った水をなるべく拭いてしまう。その上で換気扇を回す。水気があると、そこからカビやすいし、微生物も繁殖しやすい。

ちなみに私はバスタオルは使わない。乾きが遅いからだ。ふつうの大きさのタオルを使い、拭ききれないときは二枚。髪が長くないので洗髪してもそれで足りる。

髪をタオルドライした後、まだ余力のあるタオルで床や壁も拭いてしまう。拭いた後のタオルは洗濯機へ。

前はそれをしないで、風呂場なんて濡れるのが当たり前と思って、水気をそのまま残していたらカビが生えてしまい、落とすのにたいへんだった。カビ落としをしないですむには、お風呂から出たら、その場ですぐに水気を拭き取ってしまうことだと悟ったのだ。

シャワーだけのときは浴槽の中で

汚れにくくする工夫として、風呂場に置くモノを少なくすることがある。ボディソープ、シャンプー類はあれこれ使わず、本数を絞っている。

洗面器も、使わないときは風呂場の外へ出してしまう。モノが置いてあると、水気が溜まってカビやぬめりが発生する原因になると思うので。

シャワーだけですませるときは、いじましい工夫だけれど、洗い場の床の上ではなく、浴槽の中で使う。お湯を溜めて入らないときは浴槽は空だから。

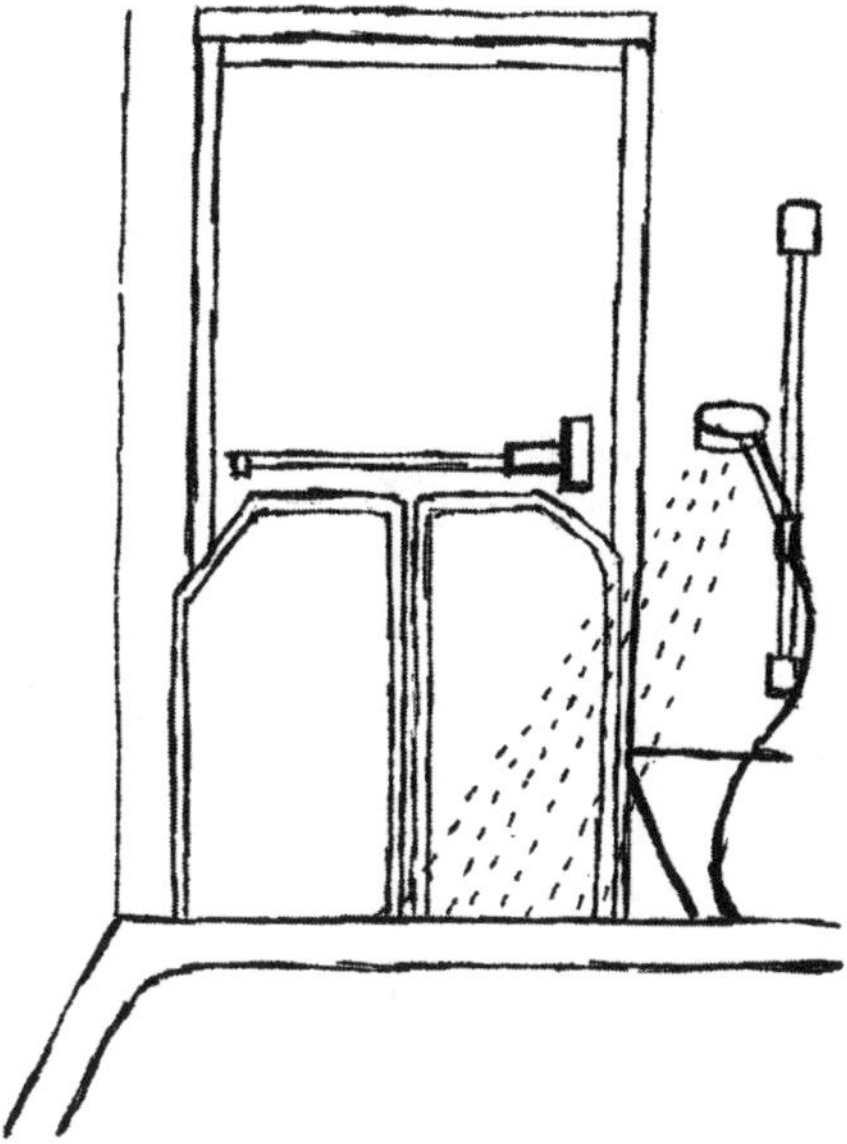

風呂場の掃除対策はいかに水はねを防止するか。
湯船にお湯を張ったときはドアにフタを立てている。

洗い場の床よりは浴槽のほうがまだ掃除がラク。風呂場のドアにまで飛び散らない。掃除する範囲が少なくすむので、シャンプーも空の浴槽の中に入ったまま、そこで泡も流してしまう。

深く考えずに、洗い場でシャワーを使っていた頃は、一回シャワーを使うと、ドアの内側とか壁全体にまではねていた。

お湯を張るときはお風呂のフタを扉に立てかけガード

浴槽に湯を張って入り、その上で髪も洗いたいときはどうするか。

仕方ないので洗い場のほうでシャワーを使うが、そのときもドアの内側には水をはねさせないよう、お風呂のフタを外したのをドアの前に立ててガードする。

水がはねた後そのままにすると水アカになる。カビとは別の、白いうろこ状のものが水アカだ。成分は、水が蒸発した後に残るカルシウムが中心だそうだ。汚れである。

固まると取れにくい。水気を残しておくことは、カビ以外にも面倒を招く。壁に飛び散るのは仕方ないとしても、ドアのほうは、水はねから守らねば。フタはどうせどこかに置くのだから、置き方ひとつで掃除の手間を少しでも省ければいいなと思った。

私はジムの会員になっていて、ほんとうはお風呂をそちらですますのが、風呂掃除をしなくてすむいちばんラクで確かな方法だ。実際、年に数回しか自宅のお風呂に湯を張らなかった年もある。

が、その次の年が、雪がよく降ったり台風がしょっちゅう来たりして、ジムに行けないことが多くて。やっぱり家のお風呂を使うことを前提に、掃除の範囲を減らす使い方を考えようと思い直した。

コロナ禍でジムが休業になったときは、このやり方にしておいてよかったとつくづく思った。

洗面所は台まわりと鏡が決め手

鏡は水拭きだけでピカピカになる

洗面所は、使った後、台のまわりにはねた水はサッと拭いておく。風呂場と同じ考え方だ。

洗面台前の鏡は割りときれいにしている。ガラス用の洗剤は使わず、水拭きだけ。大きな鏡なら二つの道具がおすすめだ。1メートルほどの柄の先に、固いスポンジがついた道具と、掌《てのひら》に握り込める短さの柄のワイパーと。

洗面台のボウルに浅く水を張り、スポンジ面に水を浸して、鏡の汚れているところをこすって、後は鏡の全体に軽くスポンジを滑《すべ》らせる。

残った水気をタオルで拭いてはいけない。跡が残る。

ワイパーを鏡の端に当てて横へ滑らせる、窓拭きの人がよくしているように。すると跡が残らない。右から左、左から右へと滑らせ、上から下へだんだんと。滴が縦につたうけれど、いずれ下で受けるので大丈夫。最後は鏡の下の洗面台に落ちるから、そこはタオルで拭いていい。

出ているモノを少なく、色を揃える

洗面台のまわりは、風呂場同様、モノを少なくする。しまうと湿ったままになってしまう歯みがき用品くらいを残し、化粧水類の瓶は鏡の裏の収納に。ヘアブラシやドライヤーは洗面台下の引き出しに入れている。掃除がしやすいだけでなく、見た目にもスッキリして気持ちがいい。

スッキリのもうひとつのコツは、色を揃えることである。歯ブラシの色、歯みがきコップの色、タオルの色。気にせずに使ってしまいがちだが、毎日数回は立つ場所。色の系統を揃えると気持ちよさはぐんとアップする。

シンクにぬめりを残さない

三角コーナーもスポンジ置きもいらない

台所のシンクをきれいに保つ工夫といえば、やはりモノをなるべく少なくすること。そして、なるべく水気を溜めないこと。これに尽きる。

置かないことにしたモノが二つある。ひとつは生ゴミを入れる三角コーナー、もうひとつはスポンジを置く小さな入れ物だ。シンクをぬめらせてしまう二大原因なのではと思い、やめることにした。

スポンジは置くとどうしても水が溜まってしまうので、S字フックでどこかしらに引っかけて、なるべく乾くようにしていた。

その後スポンジをあみタワシに替えたら、さらに快適に。合成繊維のメッシュが二重になったもので、スポンジ同様に使うことができ、水切れのよさ、乾きやすさはスポンジよりはるかに上。雑菌が繁殖しにくい。洗濯のたび、いっしょに洗濯機に入れており、キレイをより保てるようになった。

トイレットペーパーをキッチンでも使う

他に心がけているのは、できるだけまめに拭くこと。シンクもまわりも調理台もティッシュペーパーで拭く。何かこぼしたり、水気が目に留まったりしたら、その都度ひと拭き。一日の終わりにもサッと拭く。

洗剤をつけた掃除をしなくても、それだけで違う。翌朝ぬめりが残らない。

ティッシュペーパーと書いたが、正確にはトイレットペーパーで、古紙を回収に出すと入れ替わりにもらう。それをキッチンに備え付けておく。

キッチンペーパーほど大げさでなく、まめに使える。

ロール状のキッチンペーパーも備えてはある。冷蔵庫の脇にマグネットで棒をつけ、そこに通してある。

ただキッチンペーパーもけっこう高いし、資源としてももったいない気がするので、トイレットペーパーを使うことのほうが断然多い。

使った後のトイレットペーパーの先は点線できれいに切る。引きちぎった破れ目をそのままにしないよう。

キッチンにトイレットペーパーは本来あるモノではないので、そんなところで清潔感を出したいなと私だけのこだわりである。

台所ではこぼしたらすぐ拭く！

キッチンタオルとトイレットペーパーを併用

キッチンタオルは二種類使っている。

ひとつは食器や鍋を拭く用。もうひとつは、床に水がしたたったとき拭く用に。

用途によって色を分け、掛ける場所も別々にする。

少しでも乾きやすいよう、台所のドアは開けて風通しをよくしておく。

二種類のキッチンタオルとトイレットペーパー、ときどきキッチンペーパーとで、日々ちょっとずつ拭くことにより、専用の洗剤をつけてこするような台所掃除は、気がつけばほんとうにしないですんでいる。

コンロまわりは焦げないうちに

ガスコンロまわりも、煮物で吹きこぼれるとやっかいだが、それについても「あ、吹きこぼれたな」と思ったら、その都度すぐ拭いてしまう。

弱火にして、横からお箸《はし》を突っ込めるときは、トイレットペーパーに水を含ませたのを箸の先でつまんで、煮込んでいるそばから拭き取る。

それがしにくいときは、煮込み終わって鍋を火から下ろした後、とりあえず水少々を焦げたところにかけておく。

すると水で焦げが緩《ゆる》んで、後で洗剤を使わなくても拭き取れてラクだ。

何にせよ、汚れがついたらすぐ取るのがいちばん。

私の敬愛する故・吉沢久子先生は床が汚れたときのための布を置いて、足でキュッと拭いてしまうとおっしゃっていたが、私は履《は》いている靴下の裏で拭いてしまうこともよくする。

靴下はどうせ一日で履き替えるので、その汚れもいっしょに洗ってしまうのだ。

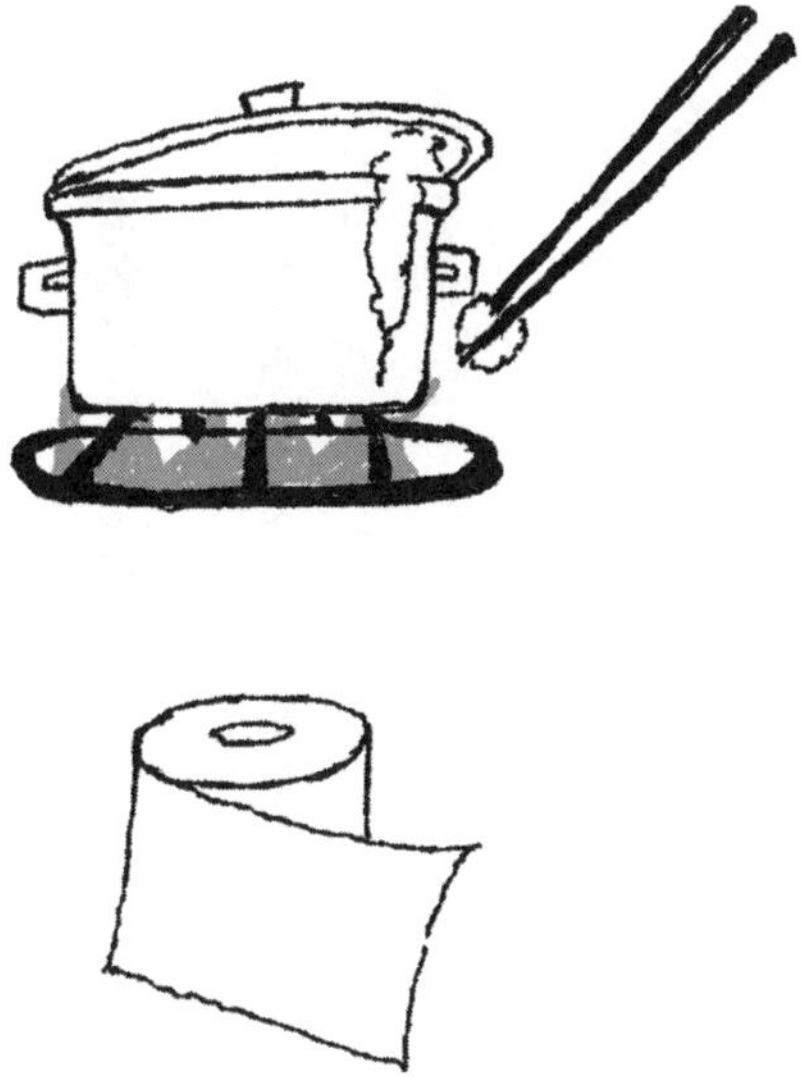

拭きこぼれをそのままにしておくと後が大変！
素早い対応が結局いちばんラク。

あなどれない重曹・クエン酸

地球にやさしくて、汚れには効果大！

重曹とクエン酸は、エコな家事アイテムの定番。使い方をひと言でいえば、重曹は油汚れやぬめりを取るのに効果的で、クエン酸は水アカに強い。他にも、重曹は研磨剤としても使えるらしい。

私も買ってはあったけれど、「地球にやさしいものは汚れにもやさしいに違いない」と思い込み、あまり効果は期待していなかった。

ところがあるとき換気扇の掃除をしていて、たまたま買ってあった重曹石鹸《せっけん》スプレーを吹きかけたときにびっくりした。ちょうど宅配便が来てその場を離れたのだが、戻ってきたら、スプレーを吹きかけた箇所だけ泡といっしょに汚れが落ちていたのだ。布で拭いてもいないのに、きれいになっていたのだ。

そこではじめて、「このエコっぽい掃除用品、もしかしたらすごいかも」と気づきはじめた。次は、水道の蛇口の白い汚れ（水アカ）にクエン酸の粉を使ってみた。粉を水に溶かして、布に含ませて拭いたら、新品のようにピカピカになった。

シンクの汚れも、重曹の粉とクエン酸の粉をひとつまみずつスポンジに振りかけて拭いてみたら、きれいになって感激した。

強い洗剤に手を出さない

効果という面でも重曹やクエン酸は優れているが、環境に対する罪悪感が少ないというのも嬉しい。

台所はいつもきれいにしておきたいけれど、自分の身の回りだけきれいにして、川を汚すのは抵抗をおぼえる。川の水は海、魚など回り回って人間の体に入るとも言えるし。

シンクの排水溝のカゴに吊るして、ぬめりを防止するという固形の塩素除菌剤も、「塩素を川に流している」と考えると、使うのにはためらいが。

その点、重曹やクエン酸は、比較的環境への負担が少なそう。それで効果がふつうの洗剤並みなのだから、昔からあるものは意外にあなどれない。

強い洗剤を使って汚れが落ちないと、さらに強い洗剤に手を出してしまう。私はそれも怖い。最初から化学系の強力な洗剤を使うのではなく、重曹やクエン酸など、一見頼りにならなさそうなものを、騙《だま》されたと思ってまず使ってみてほしい。

それで効果があれば、自然を傷つけている気分にならずにすむし、何よりも素手で触れてしまっても安心だ。

マンションの庭の手入れで諦めたこと

ガーデニングに憧れたが現実は……

私が住んでいるのはマンションの一階なのだが、わりと広めの専用庭がついている。そこの手入れは前は自分でしていたが、今は挫折し、業者さんに頼んでいる。

マンションの生垣《いけがき》の手入れのときに、その業者さんにお願いする。生垣の手入れの費用は、マンションの管理組合から出るのだが、専用庭の分については業者さんに「直接お支払いするかたちで、お願いできますか？」と相談し、引き受けてもらえた。

自分ですれば節約になるが、実際にして諦めるに至った。生垣のときに合わせてお願いしている。

草むしりはかなりの肉体労働だった

引っ越してきたときはガーデニングのようなことを夢見ていたが、実際は草むしりだった。

「お花を植えましょう」ということより、伸びてくる雑草を刈り、つたを引き抜き、木の枝を切り、掃き集め、ゴミ袋に詰めて出すのでせいいっぱい。ガーデニングというと趣味っぽい響きがあるけれど、そうでなく「肉体労働」だと思い知った。

小さな庭とはいえ自然だから、チャドクガのような毒を持つ虫もいる。いっぺんひどくかぶれてしまい、アレルギーのように全身に湿疹《しっしん》が出て、皮膚科に行く騒ぎに。また、小動物が死んでいることもあり、それを始末することにもめげた。

小さな庭であっても、自然と付き合うのはそれなりに覚悟が要る。

軟弱とは思いつつ、私は心身への総合的な負担を考え、お金を払って人に頼むほうを選択した。

段ボール箱の片づけ

家の中をスッキリ保つ上で、課題のひとつがダンボール箱。ネットショッピングの利用が増えてから多いこと多いこと！ 場所ふさぎだし、溜まると戦意喪失する。着いたそのとき玄関先で「成敗」する。それがいちばん億劫でないとわかった。

印鑑といっしょに文具のハサミをシューズボックスの上に置いておく。開封して中身を出したら、その勢いで箱の上下をひっくり返し、底を外から留めてあるガムテープの中央にハサミを沿わせてカットし解体！ つぶしてたたむ。

そこまでしておくと後はラクだ。室内の物入れに仮置きし、資源ごみの日の前にまとめて束ねる。ビニール紐・ハサミ・宛名を消すための黒の油性ペン一式を、物入れの隅にひとまとめにしている。

第 5 章

衣替えなし。気分が上がるワードローブ

衣替えの必要をなくす

面倒なだけでなく作業が危険になった！

衣替えはしなくてすむのが理想である。体力的に年々たいへんになってくる。今はほとんどしていないが、かつては「するもの」と思い込んでいた。それがとても面倒だった。

衣装ケースはクローゼット内の天井に近い棚へ置いていた。脚立《きゃたつ》に乗って、重い衣装ケースを出し入れするのは、けっこう危ない。何度も脚立の上でバランスを崩しそうになった。

これは面倒なだけでなく、怪我のモトだ。

一にも二にも服の量を減らす

やめるための第一の方法は、衣替えをしないですむくらいの量の服にすることである。本気で減らした。

量を減らして次にとった第二の方法は、保管付きクリーニングの利用である。冬物のダウンコートなどは場所をとるので、これを預けることにより、クローゼットにゆとりができた。

衣替えをしていた頃は、まず脚立を出すのからして億劫だった。年にたった二回のことではあるけれど、その二回にとりかかる気がなかなか起きない。やるのならなるべく一気にすませたい。

夏物はほとんどクリーニングに出さず家で洗う。まとめて洗って乾かすまでできる日を待とうとすると、どんどんとずれ込んでいく。そのうち、どれが着たモノか、どれが洗濯したあと着ていないモノかわからなくなる。それもけっこうストレスだった。

取り出しやすく、しまいやすく

色別に、吊るす収納とたたむ収納

クローゼットの服は、ハンガーに吊るす収納と、たたむ収納とに分けている。どちらも並べ方は、色別だ。

吊るす収納は、クローゼット内のポールにハンガーをかけるのだが、クローゼットを開けて最初に目に入るところに赤。

気分の上がる赤系が、中央に来るようにしている。次いでオレンジ、ピンク、白、ブルー、ネイビーの順番でグラデーションをなしながら、白から青系へと移り変わっていく。

パンツは専用のハンガーに二つ折りにしてかけるが、これも色の似たのをまとめている。それほど色のバリエーションはなく、白、黒、デニムだ。

たたむ収納は引き出しである。プラスチックの半透明の引き出しが縦に段をなす収納用品をクローゼット内に二つ並べている。

入っているのはニット類が中心で、他にシワになりにくいブラウス、ワンピースも何枚か。

シワになりやすいか、なりにくいかで分ける

たたむ収納か吊るす収納かは、シワになりやすいかどうかで分ける。

ワンピースでも綿、麻はシワになりやすいのでハンガーに、化学繊維のものは引き出しに。お出かけ着だからハンガーに吊るす、ふだん着だからたたむ、という発想はない。改まったところへ着ていける黒でも、シワになりにくいものはたたんでしまっている。

ニットはシワにまったくならないわけではないが、かけておくと伸びてしまう

ので、たたむほうが型崩れしにくい。

引き出しの分け方も、引き出し内の並べ方も、ひたすら色で。季節で分けることはしていない。

赤系の引き出しには、夏物も冬物も関係なく赤っぽいものを、ニットでもワンピースでも。青系もまた同じ。そして、赤系の引き出しを上のほうに。その下を、生成、白、青系とやはりグラデーションで、いちばん下に黒を。

吊るす服で、中央を赤にしているのと同じで、目につくいちばん上の段を赤にすると、クローゼットを開けたときの第一印象が明るくなる。気分を上げる私なりの演出だ。

とはいえ、赤系の服の数はそう多くない。基本は白、グレー、パンツもデニムか黒で、赤やローズピンクを差し色に用いる。

青系でいえばロイヤルブルーとかターコイズブルー、ピンクに近いパープルは差し色として使いやすい。

ハンガーを揃える

あり合わせを使うのをやめる

私のハンガーの使い方は、もしかしたらふつうと逆かも。

洗濯物を干すときは厚みのあるハンガーにして、できるだけ風を通しやすくして早く乾かすようにする。ジャケットやコートを買ったら付いてくるような立体感のあるハンガーだ。

クローゼットに吊るすときは薄いハンガーに。かさを出さず、なるべく多くかけたいからだ。はじめは型崩れが心配だったが、薄くても女性の服の肩幅に合うなら、意外と型崩れしないことがわかった。

あり合わせのハンガーを使っていたが、あるとき一新。女性用の服をかけるのに使う業務用のプラスチックハンガーを、ネットショップで五〇本まとめ買い。業務用なのでその単位になってしまうのだ。五〇本で一〇〇〇円くらいだったと思う。

両端から少し内側にくぼみがあって、広めの襟《えり》ぐりの服も、このくぼみに襟ぐりを引っかけると落ちない。

その後、もう一度一新した。

プラスチックハンガーに歪みや割れが出てきたため、スチール製のものに買い替えた。なだらかなアーチ形で、服の肩にハンガーの跡がつかず、すべりにくいコーティング加工がしてあって、ずり落ちる心配もない。

ワードローブがスッキリ！　取り出しやすい

まとめ買いしたハンガーに替えたことの効果は三つある。型崩れがしなくなったのと、かさばらずに服が押し合いへし合いしなくなったのと、そして何より見

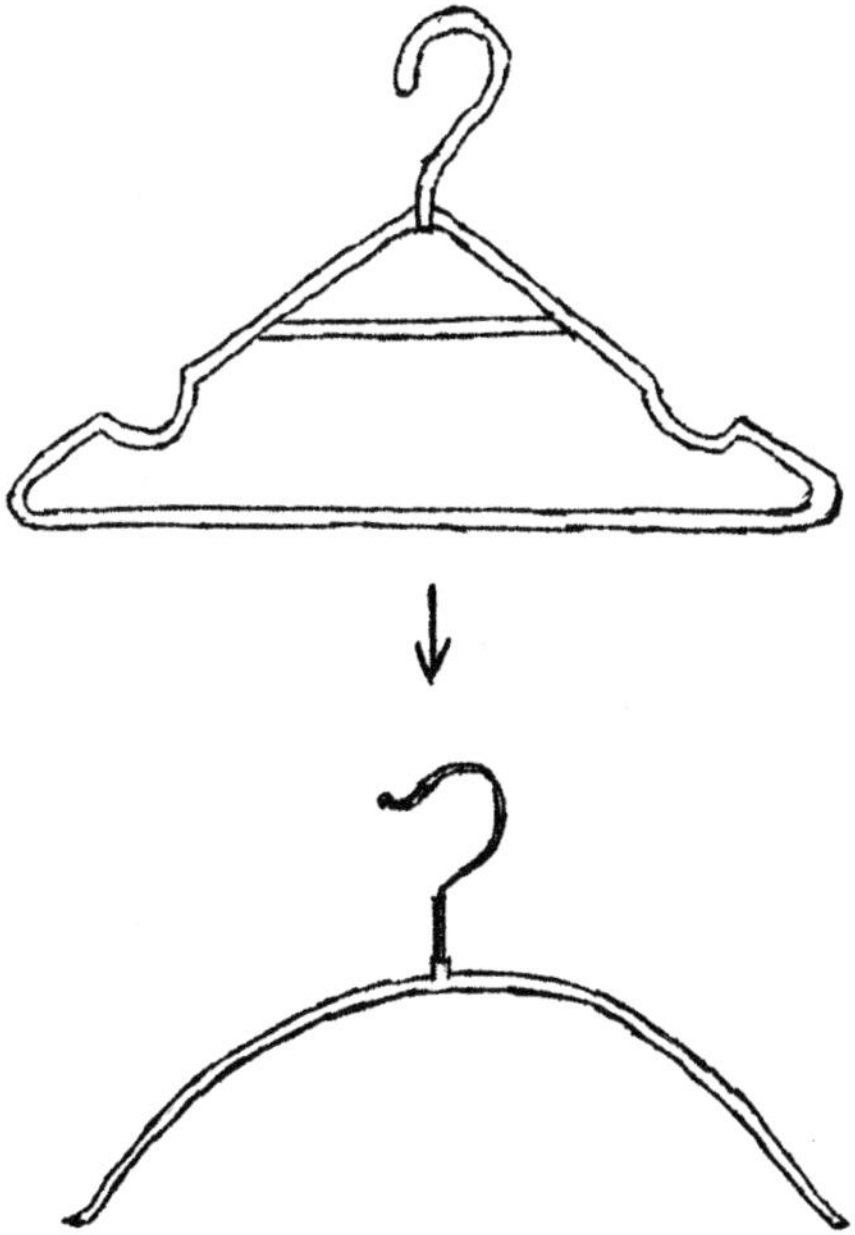

肩の跡がつかない魔法のハンガーに揃えたら、
ワードローブがスッキリ美しくなった！

た目がいい。

あり合わせのハンガーを使っていたときは、服の肩の高さがまちまちだった。揃っているとスッキリし、取り出すときも引っかかりにくい。

ハンガーをわざわざ買うという発想がもとはなかったが、お金のかけがいのあるところだと知った。

シミ・黄ばみの服は気分を下げる

着た後、すぐにクローゼットにしまわない

着た服の汚れは、なるべく早く取るに限る。

冬は埃取りのブラシをよく使う。コートとかニットワンピースなどだ。

外から帰ると服にはけっこう埃がついている。埃までクローゼットに持ち込まないように、サッサッと払う。冬は寒いけど、できればベランダで。

それができないときは、壁のフックやドアノブにかけて。ウールの服は毛流れを整えて、質感をよくすることにもなる。晴れていれば、あまり日当たりのきつくないところに陰干しにしてしばらく外に干しておく。

服には埃だけでなく、臭いもついてしまっているものだ。風にあてて臭い抜き

をしてからクローゼットにしまう。

コートなどはひと冬着続けるから、そのほうが衛生的でもある。

コート以外のニットやジャケットも、冬物はそうしょっちゅう洗濯していない。

夏物は丸洗いしやすいインナーのほうをまめに洗うようにしている。

部分洗いで解決する方法

丸洗いはしない服も部分洗いはする。汗をかいたなと思ったら、脇の下の周辺だけとか、シミがついたなと思ったら、そこだけとか。

洗面台に水を張って、汗ジミなら、その水に洗濯用の石鹸《せっけん》を少し溶いて、洋服の全部は浸けず、脇の下中心に浸けて、軽くもみ洗いする。

そうしていても、他のところもなんとなく濡れてくるが、あまり気にしない。

洗ったら軽く手で絞るか、軽く脱水機にかけてから干す。

食べ物のシミは、タオルの端っこに水と台所用洗剤をしみ込ませて、同じタオルのもう片方の端か、届かなければ別のタオルを汚れの下に敷き込んで、上から叩く。

薄い布製品なら、汗ジミ同様、洗剤を溶いた水に浸けてもみ洗い。

体験から、食べ物のシミのときは、洗濯洗剤より台所用の中性洗剤のほうが落ちやすいように感じる。

服を傷めにくい洗い方を選ぶのが大事だ。ニット製品はもみ洗いすると毛羽立ってしまうので、さきほど書いたタオルで上下から挟み、トントン叩く方式で。リネン、コットン、化学繊維はもみ洗い、つまみ洗いをしている。

汚れたらすぐに落とすのが最強の事後処理

以前は部分洗いなんて、すごく面倒に感じて、ほとんどしなかった。お気に入りの服をそれでダメにしてしまったことが何回もある。

薄いグレーのギンガムチェックのシャツブラウスワンピースがあった。よく着たが、でも洗うと傷むだろうと思って、シーズン終わりまで洗わずにおいた。シーズン終わりに見ると、汗ジミが変色している。それほど汗をかいたおぼえがなくても、知らずについているようだ。

色物に使える漂白剤に浸けても取れず、クリーニング店に持って行ってシミ抜きを依頼したが、完全には落ちなかった。

お気に入りのニットワンピースも、外に着て行ってパスタを食べて「あ、ちょっとソースがはねたかも」と思いつつも放っておいて、後でいちばん目立つところにシミができており、どうしても取れない。

そういう失敗をたくさん重ねて、もう嫌でも部分洗いするしかないと、身にしみてわかった。するならば早いほうがいい。そのほうが結局はラクということもわかった。後になればなるほど、億劫になる。

皮肉なもので、シミというのは、もっともついてほしくないときについてしまう。白い服を着ているときに限ってとか、おろしたての服のときに限ってとか。

悔しいけれど、すぐ洗うことが大事である。

ジャケットのときって、案外、脇に汗をかいている

基本は、家で洗濯している。特に汗ジミは、クリーニングよりそのほうが確実。ジャケットなんて自分で洗うのは無謀な気がするが、裏地の汗ジミは、放置しないで、脇を中心に先述のような部分洗いをしてしまう。

丸洗いは型崩れが怖いが、部分洗いではほとんど影響がなかった。

水に浸けるのが怖ければ、しみ込ませたタオルで汚れをこすっておくだけでも違う。

ジャケットを着るのは、けっこう緊張するような場面だから、夏でなくても脇に汗をかいているものなのだ。なので面倒くさがりの私でも部分洗いは年中している。

「すぐの対処が理想とわかっているけど、疲れてすぐにはできない」というときは、とりあえずファブリーズをかけて、変色を防ぐようにする。

洗濯しやすい服を選んで買う

「手洗い」表示にこだわらなくていい服もある

薄手のワンピースや、ジャケットの下に着るカットソー兼ブラウスなどは、洗濯機に入れないで、手洗いすることもときどきある。

洗面台で、別の服のシミの部分洗いをしたときに、「この続きであの服も洗ってしまおう」という感じでざぶりと浸けて押し洗い。脱水だけ洗濯機でする。

白い服で色移りが気になるとか、他の服といっしょに長時間回すと傷みそうなものとかは、そのように洗濯機に入れないで、手洗いにしている。

でも「こういうものは手洗いが絶対」と決めてしまうと億劫になるので、他の洗濯物となんとなく分けておき、シミ抜きのついでに、勢いで洗ってしまう、というふうだ。

私は綿のシャツブラウスが好きで、刺繍のついた物も少なくない。

「そういうデリケートなのって、洗濯が面倒でしょう」とよく言われるが、実はそうでもないのだ。

たしかにタグには「手洗いのみ」と書いてあるが、私はタグの表示より汚れ具合で決めている。けっこう汗をかいたなというときは、ネットに入れた上で、洗濯機のふつうのコースでフルに回す。そんなに汚れてなくて、あんまり傷めたくないなというときはドライコースや「スピーディ」といったコースで、時間を短縮して洗う。

汚れを落とすか、傷みを抑えるか

服は洗うと、汚れが取れる一方で、基本的には劣化していく。こすれ合い、濡れては乾きを繰り返すことで、生地が傷んだり、縫い目の糸も伸び縮みしたり。

普段はたいてい傷みが少ないスピード洗いにしてます。

洗い方は、汚れを落とすことと、劣化していくこととの兼ね合いで決める。刺繍などのデリケートな飾りがなくても、それほど汚れていなければ、「スピーディ」にして傷みを防止。

クリーニング店の利用は、あまり多くない。基本は年に一回、冬物を出す。例外的にニットやダウンなど家で洗うのは心配だが、しょっちゅう着て、冬の終わりまで汚れを溜めておくのはどうかと思うものだけを、シーズン中に一回出すくらい。

家で洗えない服は買いづらい。なので、シルクのブラウスなどすてきだなと思うが、なかなか手が出ない。

買う前に表示は注意して見る。洗いやすさは、服選びの大きな要素だ。ただ、今は表示に、ドライか手洗いのみとしてある服がとても多い。過剰な感じがするほどだ。

私の経験では、そう表示してあってもコットン、リネンは洗濯機に入れて、これまで問題なくすんでいる。

保管もお任せ宅配クリーニング

ダウンコートが特にお得

保管付きクリーニングを利用しているとさきに述べた。冬物を年に一回。シーズンが終わってから、主にダウンとウールのニット類を出す。

宅配方式であるのが助かる。申し込むと、先に向こうからキットが送られてくる。キットの内容は、まず洗濯物を入れる合成繊維バッグ。折りたたまれて来るが、広げると底が畳半分ほどもある。三つ折りの布団も入りそうだ。

それに、出す物の一覧表と、それぞれに貼りつけるカードと、宅配便の伝票。

定額制で、洗濯物一〇点でいくら、二〇点でいくらと決まっている。その点数内なら、ダウンコートでもジャケットでもワンピースでもいい。

前は近所の、自分で洗濯物を持ち込むクリーニング店を利用していたが、ダウンコート一枚で何千円もしていた。

今はダウンコートを何枚出そうと、二〇点で税抜一万五〇〇〇円、一〇点で一万円。往復の送料込みだ。リピーターだとそこからさらに割引になる。

伝票に書いてある宛先の住所を見てびっくり。なんと九州だった。

「宅配ならこういう遠距離もあり得るんだな。東京でないほうが保管料が安いんだろうな、土地代が安いから」

と妙に納得した。そう、その宅配は保管もしてくれるのだ。

虫食いの心配がなく、省スペース

これも残念な経験談だが、ずいぶん前、家で保管していて虫にやられてしまったことがあった。以来、防虫剤を念入りに置くようにしているが、それでも心配。

プロによる保管は、その心配がなくてすむ。

保管していたのを受け取る時期も指定できる。一〇月の中旬、下旬などといったおおまかな指定だ。返ってきたとき、次にまた出すためのキットが同封されていた。業者はたくさんあり、ネットで「宅配クリーニング、保管」というワードで検索するといろいろ出てくる。衣料品の通販サイトに掲載されていることも。

それらの評判を載せた口コミのサイトもある。取扱い件数が多ければ、悪いレビューも増えるので、一概にあてにはならないが、どんなトラブルがあったかの参考にはなる。

私はさきの検索ワードで調べて、いくつかホームページを見て、なんとなく感じのいいところに賭けるような気持ちで申し込んだ。以来、毎年頼んでいる。

クリーニングそのものもさることながら、保管する場所が要らず、省スペースになるのがいい。

ウール製品やニット製品は、家に置いていてもさほどかさばりはしないが、前に自分で洗い、縮んで着られなくしてしまった経験から、プロに頼もうと思った。

今は、洗濯の失敗にも収納にも苦労することなく、いい感じで回っている。

アイロンを可能な限りかけない工夫

シワになりにくい干し方

アイロンをかけることは、あまりなくてすんでいる。どうしてもシワが気になったらかけるくらいだ。

夏はコットン、リネンの服が多いが、そうした素材は脱水が終わって、干すときになるべくシワを取ってしまう。全体を振って伸ばすことは、一般によくされていることだが、その他に袖も、ハンガーにかける前に一回自分の腕を通してシワを伸ばすようにすると、乾いたとき絞ったような跡がついておらず、アイロンの手間が省ける。

アイロンをかけることが必要かどうかは、実は干し方と大きく関わっている。

脱水後、時間を置かずに干す。これがベスト。よじれて絡まっている状態で長く置かないようにするのがポイントだ。

なるべくアイロンをしないですむ方法を考えると、服のしまい方も注意する。せっかくシワを伸ばして乾かしても、クローゼットから出したときシワになっていると、アイロンをかけてまで着ようという気はなかなか起きず、出番がないままになってしまう。

買うときに素材チェックを習慣化

服を買うときから、アイロンのことは考える。コットン、リネンは好きな材質なので、アイロンをかけることを覚悟の上だが、化学繊維はたとえばレーヨン100パーセントは避けている。

表示で素材は必ずチェックするようにしている。レーヨン70パーセント、ポリエステル30パーセントでどうかなと思うときは、試着室でちょっと立ったりしゃがんだりしてみる。

それくらいでいっぺんにシワになるのは、デザインが好きでも候補外に。

試着が面倒なときは、服を手にとって見るときに、さりげなく生地を握ってみる。手を離してすぐ戻るならばいいけれど、それくらいでシワがついたままになる生地の服もやはり候補外。

アイロンを買うなら重いのがおすすめ

かけないですませるようにしているとはいえ、アイロンを持ってはいる。

アイロンの選び方としては、意外なようだが、重たいほうがおすすめだ。

動かすことを思うと、軽いほうがラクな気がして、私も以前は軽いのを使っていたが、それだと腕の力で押しつけないといけない。重いアイロンだと、力を入れなくても、アイロンそのものの重みでシワをつぶしてくれるので、そのほうが疲れないとわかった。

特別なアイロンではなく、量販店で売っていたパナソニックの製品だ。スチームが出るタイプで、そのほうが便利。

ハンガーにかけたままスチームをあてられるハンディなアイロンも人気だが、私の周囲で使った人はみな、あまりシワが取れないと言っていた。壁に押し当てるわけにもいかないし、と。

私はアイロン台も持っていて、その上で重いアイロンでかけるのが、結果的にはいちばん手っ取り早いと感じる。アイロン台を出すのが億劫だが、そこはもう気合いで！

かける頻度は、月に一回もないくらい。どうかすると、二ケ月に一回。

アイロン掛けというのは、とりかかるまではすごく億劫だが、いざはじめると勢いがつくものだ。

シワが取れるのは面白いし、せっかくアイロン台を出し、スチームの出るまで温めたしで、

「もっと何か、アイロンをかける服はないかしら。シワになっている服はないか

しら」

と探してしまうほど。

楽しくなって、たいしてシワのない服までかけたくなり、気がつくと一〇枚くらいかけてしまう。

洗濯は自分のライフスタイルに合わせて

洗濯は夏は週三回。光熱費を思えば、ひとりならなるべくまとめてするほうが節約になりそうだが、冬でも少なくとも二回。洗うまでの間は、浴室の床に広げて汗を飛ばしてから、通気性のいいかごに入れ浴室に置いている。

干すのは、これも光熱費を考えてなるべく自然乾燥で。

住んでいるマンションは、外干し禁止でないのが助かっている。できるだけ朝のうちに干し、夕方までに取り込む。

出かける用事との関係でそれが難しいときは夜から干したり、夜に取り込んだり柔軟に。乾きがいまひとつだったら、浴室乾燥機で仕上げる。雨の日も軒下や室内にいったん干してから、浴室乾燥機に。乾燥が終わってすぐにはたたまず、ベッドの上などに広げておくとシワになりにくい。

第 6 章

がんばらない家事に必要なのはモノの「総量規制」

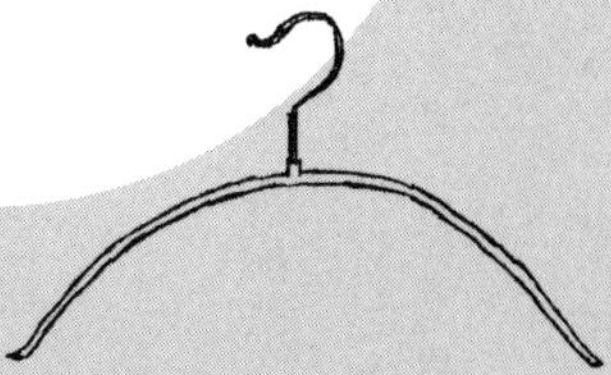

モノのためのスペースに家賃を払っていた！

私の片付け「黒歴史」

掃除や整理整頓が、かつては苦手だった。いわゆる「汚部屋」に住んではいなかったものの、家の中にひと部屋、「開かずの間」があった。

そのときの住まいは、四畳半のダイニングリビングの他に四畳半と六畳という間取りだったのだが、その六畳のほうは完全に物置になっていた。

ベッドルームにしていた四畳半のほうに入らない服や本や雑誌が置いてあり、という感じ。窓もめったに開けなかった。

あるとき、家賃の半分をモノのために払っていると気づいた。モノを惜しむよりも、家賃のほうをもったいないと思うべきだと。

「開かずの間」はもう作らない

今の家に引っ越すときに、「もうモノに家賃は払いたくない」と一念発起。本を大量に処分し、服も処分した。「開かずの間」に保管してあったモノは、本を取りに行くとか、服を取りに行くことが、一週間に一回か二回。一回あたりの滞在時間もとても短かった。五分あったかどうか。

そういう部屋があるというだけで気が重かった。家の中に、自分の寝起きしているところのすぐ横に、ドア一枚隔てたところに「モノが溜まっているんだな。空気まで滞留していて、澱《よど》んでいるんだな」というのが日々ヒシヒシと感じる。家にいることが、寛《くつろ》ぐよりストレスになってしまっていた。

引っ越しをきっかけに、もう二度と開かずの間は作るまいと決心したのだ。そんな「黒歴史」があることを白状しよう。

洋服やバッグを処分するタイミング

タイミングは三つ

服を処分するのには、いくつかのタイミングがある。大別して三つ。

一つめは、出し入れがしにくくなったなと感じたとき。「出し入れのこの不便をがまんしてまで、持っていたいモノだろうか」と見直す。

二つめは、服を買ってきたとき。「一着買ったから、代わりに一着処分できるモノはないか」という目で、改めて見る。

三つめは、シーズン前後。夏物なら、夏のはじめに久しぶりに手にしたときと、夏の終わりに、洗濯をしてしまおうかどうかというとき。これについては、後にもう少し詳しく書く。

一着買ったら一着捨てるのを徹底すれば、整理はかなりちゃんとできそう。「総量規制」になる。

私は「一着買ったら、絶対に一着捨てる」という鉄のルールまでにはなっていないが、買ってきたものをクローゼットにしまうとき、クローゼット内を「処分できるものはないか？」という観点で眺めるように習慣化している。

とはいえ、買う前に「これはもう要らない。この代わりに新しくこういうのが欲しい」と考えて行くような計画性も、残念ながら持っていない。割りと出合いで買ってしまう。「あ、素敵！」と。

事前に検討するよりは、「買ったからには……」という感じで、事後に処分を検討する。

メイクをして着てみる

既存の服も、出合って好きだと思って買ったものばかりだから、それほど手放したいわけではない。なので、なんらかの判断基準を持たないと処分が難しい。

判断基準には大きく分けると二つある。

一つは、シーズン前後。夏物を最初に手にとり、「去年の夏、実際に何回着た？」と冷静に考える。たしかに好きではあるけれど、ずっとぶら下がったままだったような気が。

「一回？　いや、もしかしたら一回も着なかったから洗濯しないでそのまましまったかも」などと前のシーズンの使用状況を、よくよく思い出してみる。シーズン終わりのしまう際にも同様に。それで決断できたら処分する。

できなかったら、判断基準の二つめとして、実際に着てみる。

そのときのポイントは、出かけるときのメイク、出かけるときのヘアスタイルをして、自分のいちばんいい状態にまでしてから着ること。そうして鏡の前に立ち「でも、やっぱり何か違う」と思ったら、諦める。

夜中にクローゼット整理を思い立つと、顔が疲れていたりとか、風呂上がりなんて髪もぼさぼさだったりとかのことが多い。そういうときに着て鏡に映すと、

どうかな？　今年も着られるかな？

どの服でも「ああ、もうダメ」となってしまう。

服はいいのに私がイマイチ？

外出時の、自分としてはいいところまで持っていった状態で着てみて、それでもピンとこなかったら、「これは好きだし、服としてかわいいけど、今の私にはもう似合わないのだ」と思って、決断する。

横森美奈子さんの本に、基準が「着られるかどうか」ではなく、今の自分が「着て嬉しいかどうか」といったことが書いてあって、なるほどなと頷《うなず》けた。服はかわいいけど、着て、どこか嬉しくない。服はいいけど、自分が老けて見えるみたい。そう感じたら、諦める。

この夏も、すごく迷った末に処分した服がある。「女子の永遠の憧れ」というべき白襟のワンピース。見れば心から好きだと思うのに、一度も出番がなかった。着て鏡の前に立つと、白襟が年齢的に苦しいのと、ノースリーブであらわになる二の腕が、白襟にはごつすぎるのだ。ジム通いの成果が出ているとすればよろこばしいことだが、服との関係ではつらいものがあり、泣く泣く処分。

バッグは一つ買ったら一つ手放す

服と同じかそれ以上に場所をとるのがバッグだ。

これこそ、一つ買ったら一つ処分しないと、入らなくなる。

バッグはクローゼットの天井に近い棚に並べているが、「奥のほうで、ずっと出していないのはないか」と見直す。出していないということは、なくてすんでいることだから。

服の処分の三大タイミングのうち、シーズン始め、終わりというのは、バッグについてはあまりないが、残る二つはバッグにもあてはめられる。出し入れがしにくくなったときと、買ったときに、総量を上回る分を処分している。

リサイクルショップに売る

超有名ブランド以外は「状態」が命

モノが取り出しにくくなると、それは満タンに近づいているサイン。溢れる前に、処分できるモノはないかと探して、実行する。

服とバッグは、リサイクルショップに出している。

リサイクルショップは買ってから時間の経たないモノしか、引き取らないと言われる。買取の条件に、一年以内とか二年以内とか明示しているところもあると聞く。

が、私の印象では、それはシャネルのような有名ブランドの話。有名ブランドだと、買いたい人は新作を求める傾向にあり、どれがいつの型かすぐにわかるのだろうと思う。

そこまでの有名ブランドでない物は、大事なのはむしろ状態だと感じる。状態がよければ、二年経ったからダメとか言わずに引き取ってもらうことができている。

買取を意識すると管理がよくなる

すべてがリサイクルショップ行きにできるわけではない。パンツやニット製品は残念ながら捨てている。着るとどうしても傷むので。

それでも、資源ゴミに出すのとは別に、リサイクルショップに売るという回路が開けると、服のケアや管理の仕方が変わってくるものだ。

一般的にシワシワなのは査定価格が下がると言われる。店にしたら売り物にするには手間がかかり、その手間賃が差し引かれるのかもしれない。なるべくシワにならないことを保管のときから考える。

シミがあると、完全にアウト！

なるべくシミをつけないことを保管以前の着ているときから考える。胸の前にハンカチをかける。もし食べこぼしたら、だいたいの場所をおぼえておき、なるべく早く処置をする（146頁参照）。

汗ジミもリサイクルショップではアウトである。夏物にかぎらず冬物でも、けっこう汗をかいている。

いい状態で売りたいという動機ができると、処分の決断のタイミングも変わる。捨ててしまうのだと、もったいなくて、「もうワンシーズンとっておこう」となってしまうが、リサイクルショップに出すなら、早めの決断ができる。

面倒ならインターネット買取もあるが……

近くにリサイクルショップがなくても、宅配買取というシステムがある。インターネットで申し込んでから、段ボール箱に詰めて送る。段ボール箱がなければ、梱包資材まで向こうから送ってきてくれる。詰めた後は宅配便の集荷を待つだけ。

検索すれば、ランキングや口コミなどが出てくるから、参考にしてみよう。

ただ、バッグはまだしも服については、価格を期待しないほうがいい。私は以前よく持っていっていたリサイクルショップがなくなってから、宅配買取を利用しはじめたのだが、比較すると安い値段がつけられる。

「捨てる後ろめたさを救ってくれた」くらいの気持ちで出している。

ネットで売るのは「覚悟」がいる

知らない人とやり取りする負担

家にあるモノを整理していくと、これはもう手放そうと思うものが出てくる。そのときに考えるのは、おそらく「もったいないから売れないかな？」ということでは。

ここ数年でフリマアプリやネットオークションが普及してきたので、使ってみようと思う人も多いだろう。でも、私はどちらも出品したことはない。

フリマアプリやネットオークションそのものに抵抗があるのではなく、買う側としてはけっこう覗いている。でも、売る側にはなれずにいるのは、そこでやり取りされているコメントに怖いものもあるので。

売る・買うの話から逸れていって、だんだん個人攻撃のようなメッセージになっているケースが見られる。

人からお金をもらうのは大変なことだ。一〇円だって道を歩いていて落ちているわけではないから、軽い気持ちではできないとは承知だけれど、そうしたやり取りを目にしてしまうと、「このリスクをとってまでは……」。

インターネットの世界は、どんな人とつながるかわからない。ひとつ間違うとトラブルに発展することは忘れずに。その覚悟なしに、「捨てるよりお金になるかしら」という期待のほうだけではじめてしまうと、嫌な思いをするかもしれない。手を出す前に考えて。

何かあったときにどうするか？

高齢者の出品者はやり取りがていねいで、一般的に評判がいいとは聞く。だけど、落札されたらすぐに発送しないと、クレームや低い評価をつけられることもある。

いつ落札されるか予測できないのが、出品者のつらさ。

「私は気をつけているから大丈夫」という人も、落札されたときたまたま旅行していたり、体調が悪かったりすると、面倒事になるかも。家族の誰かが病気なんていう緊急事態も、ないわけではないのだ。

「そこまで考えたら何もできない」と言われそうだが、親の介護をしていた身としてはつい慎重になる。

サイトによっては、トラブルがあったときに管理者が間に入ってくれるらしく、少しは安心かもしれないけれど、責任をもって取引を遂行しなければならないことは同じ。そんなことから、私はリサイクルショップに売る方法を選んでいる。

買う場合は「ストア出品」から探す

売るのは面倒でも、買ってみたいという人にひと言。初心者は、フリマアプリではなく、ネットオークションで出品者が「ストア」のところから買ってみよう。
ヤフーオークションを例にとると、出品者が「個人」か「ストア」から選べて「ストア」は住所や連絡先、古物を商う免許も公開している。

一般論で考えても「ストア」はその品だけ売っておしまいではなく、継続的に運営していかなければいけないから、取引の質は保っていそう。

私がストア出品でバッグを買ったときは、商品の状態を「中古だがダメージは少ない」と説明してあったが、いざ届いてみたら新品同様だった。落札者から悪い評価がつかないよう、状態を少し厳しめに書いていたのだろう。

もちろん「個人」の出品者も良心的な人はいるだろうけれど、基本的なスタンスが「ストア」と異なる。まずは「ストア」からはじめてみるのをおすすめしたい。

増えていく本をどうするか

電子書籍にまだ移れない

本もまた増えていくモノのひとつ。読書の習慣がある人は、似たような悩みをお持ちだろう。

電子書籍にすれば解決がつくと思いつつ、私はまだ紙の本だ。スマホやパソコンの画面を見る時間が長いので、本は紙で読んでいたい。

本棚を増やすことを考えた時期もある。

が、思いとどまり、本棚を超える分量の本は持たないのを目標にした。

スライド式の本棚だが、スライドさせるため手前に設けてあるスペースにどうしても本を置いてしまう。すると、奥の本が取り出せなくなる。

そのストレスが溜まったら一気に減らす、というサイクルがいつの間にかできあがっている。

職業上、自分の著書も増えていくが、冊数を決めてそれ以上取っておかないことにした。

単行本は文庫化されたら二冊だけ残して処分、そうでないのは三冊残す。文庫も三冊だけ残して後は処分するようにしている。自分が書いたものだから手放すのはしのびないが、それを言い出すときりがない。

売る本の箱を設けておく

処分のタイミングは、基本的には本棚がスライドしにくくなったときだが、その前から「これは売ろう」と思う本については、置き場を決めた。

段ボール箱を用意し、そこへどんどん入れていく。

「あ、もうこれは箱から溢れ出るかも」と思ったところで古書の買取サービスに電話をし、日にちを決めて取りに来てもらう。

いったんその箱へ入れた本から、やっぱりこれは残そうと思い直すことは、まず、ない。最初はそれが心配だったが、古書店へ出して後悔したことは、結果として一度もなかった。

あの本のあの部分をまた読まないと、という必要の生じたときは、文庫本なら買えることが多いし、品切れでも図書館に行けばなんとかなる。

私が持っているのは世の中に一冊しかないような本では全然なく、読み返したくなったら、また入手したり調べたりする方法はある。そう思いきることにしたら気がラクになった。

トランクルームは借りない

本には、ちょっと虚栄心というか、「自分はこんな本を読んだ」とか、「ずっと積んだままになっているけど、こんな本も読もうと思っている私なんだ」と確認したい意味で取ってあることも多いとあるとき気づいた。

その虚栄心はもう捨てよう。

本棚なんて、誰に見せるわけでもない。他ならぬ自分への虚栄心なのだ。

資料として役に立っている、繰り返し読みたい、そういう本は残す。単に虚栄心で取ってあるのは処分する。

いつか役立つかもしれない本は、よほど手に入りにくい物でない限り、やはり処分。資料のデジタル化やネット検索システムが進んでいる時代、調べる方法はあると信じて。

本がどうしても捨てられず、トランクルームを借りてしまった話は時々聞く。トランクルームは私も一時期考えた。

でも、借りて久しい人がいうには、トランクルームに入れている本は滅多に出さない。そう聞いて、「ならば、図書館にあるのと同じかな」と思った。わざわざ取りに行かないといけない点で、変わりない。

さらには、トランクルームだと、どうしても本を積んでしまう。家から段ボー

ル箱に入れて持って行って、箱のまま積み重ねておく形になるらしい。それだと
いよいよ出さなくなって、探すのも、図書館のほうがラクそうに感じたのだ。

つい集めてしまう「好みのモノ」をどうするか

手放せるモノがあれば買ってもよし、とする

趣味でついつい集めてしまったのがカップ&ソーサーだ。それとセットになるケーキ皿やポットもある。

ひとり暮らしでなんでそんなに多いの？　という分量を持っている。この家に入る最大限の人数の客が来たって、絶対に使いきれない。

リビングにサイドボードを置き、そこに「見せる収納」をしている。サイドボードの下半分はふつうの収納。そこにも入りきらない分は、持たないと決めた。やはり総量規制である。

よっぽど欲しいモノができたら、処分できるモノはないかと探して、処分できるモノがあればそれと引き替えに買うことを自分に許す。そうすると無制限には増えなくなる。

購入基準はおのずと高くなる。今あるのも好きで買ったモノばかりだから、「あれを手元に置くのと引き替えに、このうちのどれか一個を手放せるか？」と自分に問うて、イエスと言えてからでないと。

サイドボードには、カップ＆ソーサーやそれとセットのモノ以外は置いていない。日用の器は、キッチンのほうの食器棚だ。

あちこちに分けて置いたり、他の物と混ぜたりせずに、ここは趣味のモノ、ここは使うモノと分けて置くのも、歯止めが利くように思う。

「秘密の引き出し」を一つだけ

思い出した。もう一つ、趣味のモノを入れている場所があった。寝室の引き出

きれいなカップ＆ソーサーを見るとテンションが上がってしまう。
スムーズに出し入れできる数に「総量規制」。

しひとつ分。布小物をしまってある。

こちらは「見せない収納」。花柄のハンカチとか、動物の形のピンクッションとか、われながら幼児性を感じるモノばかりだ。

そうした秘密の場所があるのも、私には楽しい。

きれいなモノ、かわいいモノに弱いので、気を抜くとすぐ増える。逆にいうと、そういう弱さを知っているから、自分なりの決め事をしているのだ。

服にしても、出合いでときめいて、着る機会がなくタグつきのままリサイクルショップに持って行くことも、まだある。そういう「わー、もったいなかったな」という失敗経験もまったくのムダではなく、それを重ねていくことで、鍛えられていくと思う。

意外と捨てられる思い出の品

風景写真やスナップは取っておかない

思い出のモノも、捨てられないモノの代表だ。趣味のモノより、もっと悩ましいかもしれない。

思い出のモノのうち、いちばん困るのは写真ではないだろうか。今はデータで持つことが多いから、かつてほどかさばらないが、それでもチップは溜まっていく。データでない頃撮ったもの、プリントしたのを人からもらったものもある。

私は風景写真については、かなり思いきって捨てた。風景はプロの撮影したもののほうがきれいなので、懐かしくなったらプロの作品を見ることにして、自分のを取っておくことはないなと考えて。

自分の写っている写真も、何かの会合でたまたま撮ったスナップなどは、取っておかないことにした。いただいたのに申し訳ないとは思いつつ。

昔の写真を、わざわざデータに取り込んで保管、ということまではしない。親きょうだいと写っているものは、プリントのまま取ってあり、それ以外はけっこう処分してしまっている。

旅のお土産は今、使うモノにする

写真は手放すときは心痛むが、後になって悔いたことはない。そのときは少々つらくても「捨てたからといって、意外と何ということはないのだな」と気づいた。見返すことは、滅多にないのだ。皆無かもしれない。

自分の写真なんて、捨てると縁起が悪いようで最初は非常に抵抗があったが、別に大丈夫だと割り切れた。見えないように袋にまとめて処分する。

手紙も無制限には取っておかない。親からもらった、本当に思い出深いもの以外は。

旅先のお土産もあまり買わないようにしている。行った先では「せっかく来たから何か」という気持ちになるけど、意外と残らないとわかった。買うとしたら、箸とかタオルとか、よく使い、今必要を感じている日用品がほとんどだ。

何が何でもモノを減らすことを第一に考えて決めたわけではないけれど、自然とそんなふうなモノとの付き合い方に落ち着いてきている。

食器の数は「スムーズに出せる」かどうかが目安

どうしても増えてきたモノに食器がある。さきに書いたカップ&ソーサー以外にもふだん使いの皿、小鉢など。ひと頃は見るのが好き、買うのが好きで、ずいぶんあった。今はこれも「総量規制」。とりあえず「入ればいい」という量ではなく「スムーズに出せる」量へと変更し、減らした。

アンティークショップの人に買取に来てもらってわかったのは、ブランド洋食器に比べて和食器は、年代物であっても安い。売るときのことは考えないほうがいいジャンルと知った。

かつては陶器も好きだったが、今はほぼ磁器。軽いし、薄いので場所を取らないのもいい。収集癖はなくなって、買うとしたら近所の古道具店で小皿を少々。増やすことはもうないが、たまの買い替えは気分転換になる。

第 7 章

おうち時間の質を上げる

きちんとした部屋着で生活する

家の中でもオン・オフをつくる

コロナ禍の影響で、家にいる時間が長くなった人は多いだろう。そこで分かれてくるのが、部屋着への意識だ。

家にいるからこそ、部屋着で気分を上げたい人。

家にいるから、どうでもいいや適当で、となる人。

方向性は二つに分かれる。

私は、どちらかといえば後者だった。

いわゆるパジャマで過ごしたわけではない。というより、寝るとき誰がどう見てもパジャマという形や柄のものではなく、カットソーのプルオーバーとパンツを着ていた。

朝早く宅配便が来ても出られるよう、その格好にしていたのだ。が、次第に起きたらその姿のまま掃除をはじめて、洗濯をするようになってきた。

ある日、家事がひと段落してコーヒーを飲んでいたとき、

「ん？　このままでいいのかな」

と思った。家にいるとはいえ、昼間起きているとき用の服は別にしようと決意したのだ。

パジャマとして売っているものでないとはいえ、寝るときに着る服という意味ではパジャマ。

パジャマのままの服でごはんを食べ、日常の用事をこなしていると、気持ちに区切りがつかない。髪の毛がはねていても「いいや」となって、顔もパジャマに合う表情になって、パジャマが似合う自分になっていく気がした。

全然、科学的ではないけれど。

それだけではなく、食事のときもテーブルにつかないで、他の料理を作りなが

ら立って食べるなど、パジャマが似合う振る舞い方になっていきそうだった。マズイ。

家にいるからこそ、メリハリをつけるためにも、朝起きたらまず着替えよう。「オン・オフの切り替え」という言葉はあるが、なにもオンが家の外、オフが家の中と決めなくてもいい。たとえ家にいて人と会わなくても、オン・オフをつけたいと思う。

ちょっとおしゃれで動きやすい部屋着とは

オンだからといって、窮屈な服を着なければいけないというわけではない。パジャマでなくても、着ていてラクで動きやすい、家事をしやすい部屋着がたくさん売っている。

私が特に重宝しているのはストレッチパンツ。一見ふつうのチノパンやデニムのように見えるがとてもよく伸びて、動きやすい。

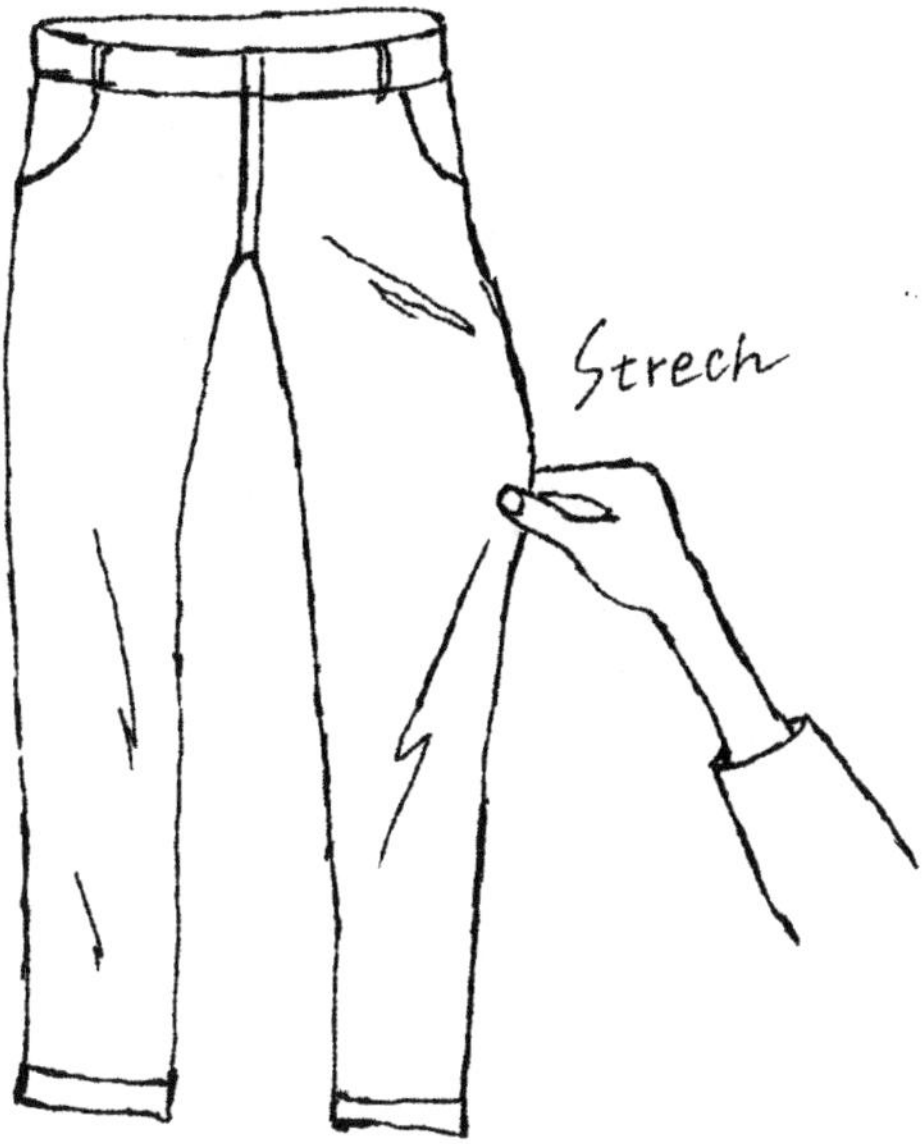

家で着る服に気を抜かない。気をつけてます。
素材の伸びと洗濯のしやすさも大事なポイント。

その秘密は素材にある。ポリウレタンの混紡率の高いものを選ぶと、膝の曲げ伸ばしや、立つ、座るという動作がとてもスムーズ。

ポリウレタンという繊維はゴムのように伸びる性質があって、いま私が愛用しているスポーツメーカーのパンツは、ポリウレタンの混紡率が12パーセント。アパレルメーカーのパンツはポリウレタンを使っていても2〜5パーセントが大半と聞く。

上半身に着るカットソーは、コットン100パーセントのものなどが多い。でもパンツでコットン100パーセントははかない。ウエストがゴムならラクという人もいるが、生地そのものはあまり伸びず、ワイドシルエットもどこか突っ張って動きを妨げられる感じだ。形のゆとりよりも素材の伸びのほうを、私は重んじている。

洗濯がラクで乾きやすいのも選ぶポイント

ストレッチ性も大事だが、家ではくためには、「管理がラク」というのも重要なポイントだ。

部屋着なのに「洗濯機使用禁止」とか「水洗い禁止」とタグに書いてあると、その時点で、私の中ではNGマークが出る。

特に気をつけたいのがレーヨン素材。テロンとした落ち感のある柔らかな質感も、リネンのようなハリのある質感も実現できる繊維だが、水洗いすると縮む性質がある。レーヨン混のストレッチパンツは、ステッチが縮んだまま戻らなくなった。シワにもなりやすい。

部屋着をクリーニングに出そうと思う人はあまりいないのでは。部屋着なのに洗濯機を使えず手洗いとか、シワになってアイロンをかけるとかは、私にとっては本末転倒。家事をする服で家事を増やすなんて！

着ていてラクであることに加えて、管理もラクでないと、部屋着の条件を満たさないように思う。管理がラクかどうかは、素材について調べるとわかる。

素材にはそれぞれ長所、短所がある。

ストレッチ性でおすすめのポリウレタンは、劣化は比較的早い。パンツの膝が抜けてきたり、色が白っぽくなってきたりする。

でも、部屋着を一〇年も着続ける人はそういないだろう。

「良いモノを長く着る」というより、「ガンガン着倒して、十分モトを取る」気持ちで、私としては問題なしである。

家事の友、ハンドクリーム

家事の後ばかりでなく、手洗い後も習慣化

家の中の用事をすればするほど、手は荒れていく。そう感じる方が多いのではないかと思う。

コロナ禍で、宅配便が来たら応対後に手を洗う、お金を触ったら手を洗う、新聞を受け取ったら手を洗う……と、さらに手洗いの回数が増えた。

手洗いは、コロナ禍が落ち着いた後も励行している。インフルエンザや風邪の予防にもなる。問題はだんだん手の皮脂が失われること。手洗いに加えて、油脂を補うハンドクリームをつけるのも習慣にしたい。

もちろん宅配便を受けて、手を洗ってハンドクリームをつけて、「さあ、料理

をはじめよう」というとき、「もう落とさなきゃいけないの？」と思ってしまうのはたしか。

水仕事による手荒れは、かつては「主婦湿疹」と呼ばれていて、経験した人によれば「水仕事のたびにクリームが落ちるけど、とにかくまめにつける。それしかない」と。

せめてもの方法として、調理以外の水仕事のときにはゴム手袋、段ボールを束ねるなどの作業のときには軍手を使っている。見過ごされがちだが、紙を触ることでも手荒れは起きてしまうのだ。

夜寝る前の集中ケア

日中の家事でどうしても手が荒れてしまうなら、集中ケアで修復できる。

ハンドクリームをたっぷりつけて、コットンの手袋をして寝る。ひと晩でほんとうに生き返る。私は半信半疑で試したら、翌朝「誰の手だろう」と思うくらいにスベスベしていた。使用したのは、昔ながらのハンドクリーム、「ユースキン」だ。

いちどケアしても、家事をすればまた荒れてしまうが、何回か繰り返したら次第によくなってきた。皮膚が修復されて、ベースの状態が改善されるのだろう。

「ユースキン」は薬品ぽい臭いがするという人もいるが、後からつけた香りはない。私の好みは無香料。ハンドクリームのみならずシャンプー、トリートメントもなるべく香りの少ないモノを選んでいる。

つけた瞬間にふっと香りが漂うのは心地いいが、手や髪などに常に香りがつきまとうと（表現は悪いかもしれないが）疲れてしまう感じがする。

体組成計で体と対話する

操作が簡単だと毎日使える

自分の体がどうなっているのか、知っておきたい。そう思って、ネット通販で体組成計を買った。高機能でなくてもいいから、場所を取らないことで選んだ。立てかけて収納できるタイプもあるが、どちらかというと少数派。私は家具の下の隙間に入れられる薄いタイプにした。何よりも操作が簡単だ。

わざわざ電源を入れなくても、乗るとひとりでに計測してくれて、「体重・体脂肪率・筋肉量・骨量・体内年齢」を順番に表示してくれる。操作をひと手間でも減らせると、毎日量る気になれる。

最初に使う際には、設定が必要だ。生年月日、身長、性別をマニュアルに沿って入力していく。いろいろな数値を割り出すため、その手間だけは省けない。量る時間帯は決めておく。私は夜寝る前。身に着ける物の重さも「ほぼ同じ」になるようにする。ただし計測して出た数値は、「ある程度の目安」くらいに考えている。

「家事がラクにできる筋肉」を手に入れる

私の場合、朝は全体の数値が悪い。体重は1〜1・5キロくらい減っているが、なぜか体脂肪が増えていて、筋肉量や骨量が落ちているのだ。その経験から、数値のこまかな上下に一喜一憂せず、筋肉量と脂肪のバランスを中心に見ていくことのほうが大事だと思った。

今では「だいたいこれくらいだと体調がいい」という、ベストな状態のときの数値がわかってきた。すると、むやみに体重を減らそうという気持ちもなくなる。

毎日量り続けてわかってきたのは「自分は筋肉がつきにくいらしい」というこ

と。加圧トレーニングに多いときで週一回通っていた時期も、筋肉量はあまり増えなかった。

自分の暮らし方を思えば、ものすごく重いモノを持ち上げるなどの筋肉はつけなくてよさそう。それよりも「手を伸ばしてモノを取る」「洗濯物を干す、しまう」など、ふつうの家事がラクにできる体を作りたい。あとは、「長時間話していても体力的に苦にならない」とか、「姿勢を支えることができる」とかになれれば十分。

体組成計も、「家事をラクにする」「日常生活をラクに過ごせる体になる」という自分の目標を叶えるために、参考として使っている。

数値で自分の内側をのぞく

体組成計に乗って、自分の体と対話するのは楽しい。自分がどういうときに疲れやすくて、エネルギーをたくさん消費しているのかもつかめてくる。

意外に消費するのは会議だ。仕事で毎月出ている会議は長いと六時間、短くても四時間、うち自分が話す時間はせいぜい一〇分でも、家に帰って量ってみると1キロは減っている。ただ座っているだけのようで、人の話を聞くのはエネルギーの要ることらしい。

講演も一時間話すだけで1・5キロから2キロ落ちる。どちらも「ヘタな運動よりは痩せるな」というのが実感だ。

脳が糖分をたくさん消費する、という話も頷ける。テレビで同時通訳の密着ドキュメンタリーを見たことがあるが、一〇分ごとだったかに交代しては裏で板チョコをシュレッダーにかけるみたいなものすごい速さで食べていた。

私も、家で原稿を長時間書き続けていると、夕方五時くらいに甘い物が突然食べたくなる。お腹は空いていなくても、脳が欲するという感じ。

体はいろんなことを教えてくれる。体組成計は、自分の体との付き合い方を知る道具だ。

ネット通販で洋服を買うコツ

まず返品条件を確認する

私が20代〜30代の頃は、ネット通販はまだなかった。だからデパートに行っても、デザインは気に入ったのに合うサイズがない、ということは多々あった。別の店舗ならあるかもと、ターミナル駅の反対側にあるデパートへ人ごみの中歩くのは苦痛だった。

そんな時代を思うと、やはりネット通販というのは便利だ。

ただし、すべてにおいてネット通販が便利というわけではない。ありがちなのは、返品条件があって、返品できずに無駄な買い物をしてしまった、という事態。

「イメージ違いだった」「サイズが合わない」と思っても、返品条件では「セール品は対象外」とするところが少ない。返品の際の送料も、セール品でなければ「無料」のところもあり、「往復の送料を負担」とするところもあり、いろいろだ。

ネットで買う前にはまず、「返品条件」と「返品に伴う送料」を確認しよう。

私の場合は「セール品でも送料はかかるが返品可。サイズ交換は無料」というサイトで買っている。

好きなテイストの服にたどり着く検索方法

たとえば「花柄のブラウスが欲しい」と思って、検索エンジンにそのまま「花柄」「ブラウス」とだけ打ち込むと、出てくる商品が多すぎて選ぶのがたいへん。

私はリバティ・プリントという生地のブラウスが好きで「リバティ」を検索ワードに加えても、出てきた商品をよく見ると「リバティ風」「リバティ好きの方に」などと書いてあったり、正体がよくわからない海外のサイトまで出てきたりとまぎらわしい。

お金だけ取って商品を送らない「振り込め詐欺」まがいのサイトまで混ざっている。

検索エンジンにいきなり打ち込まず、楽天やヤフーなど大手のショッピングサイトや、デパートやスーパーが運営しているサイトに入ってから、その中で好みの服を選ぶのが効率的で間違いも少ない。

あるいは、欲しいブランドが決まっているなら、そのままブランド名で検索するのもいい。品質でも「自分の趣味と合う」という点でも、それがいちばん失敗がないかもしれない。

また、ふだん着ているブランドであれば、サイズ感もわかる。同じ号数でも、ブランドによってぜんぜん違う。サイズはシビアに見たほうがいい。私は号数ではなくて、商品説明に書かれている「実寸」を見る。肩幅なんてたった1センチであっても着心地やシルエットに大きく響く。

実店舗の「ショールーム化」が指摘されているが、ある意味では当たっている。実際にお店で見たことがある服や、好きなブランドの服は、サイズ感や雰囲気を知っているから安心して買える。

私はもともと、ネット通販で服を買うという発想があまりなかった。それでも、実際のお店で「この服が気に入ったけど、自分に合うサイズがない」ということがあって、ネット通販を使いはじめた。

アパレルメーカーのサイトをチェック

私が以前スーツを買ったときは、好きなブランド名を検索して探してみた。すると、そのブランドを扱っているアパレルメーカーのサイトがすぐに表示された。そこには、同じアパレルメーカーで販売している別のブランドも含まれている。

そのサイトで「ネイビー　ジャケット」と入力すると、違うブランドの商品まで現われるので、比較検討ができる。ひとつのブランドに限られず、それでいてテイストは好きなブランドと似ている服が出てきて、選ぶ幅が広がる。なじみのあるブランドと同じ系列のため信頼でき失敗も少なく、便利。

実店舗でセールになっていない品が、ネットで値下げされていることもある。突然割引クーポンがついたり、タイムセールがあったりすることも。

アパレルメーカーなどのサイトは、上手に利用すればデパートよりもお得といえそうだ。はじめはネットで買うのが実店舗の販売員さんに申し訳ない気がしたが、販売員さんからサイトへの会員登録をすすめられるなどの経験をして、次第に利用するようになった。

効率優先だけでは暮らせない

手を抜くところと凝りたいところ

自分なりのスタイルで、なんとか効率よく家事をこなしているつもりだが、それによって「すごく空き時間ができる」という実感はない。

たぶん家事はキリがないので、ひとつのことを効率よくしても、他でけっこう時間をとってしまうのだろう。

この本の第2章にも書いたが、たとえば私はぬか漬けを作るのが好きだから、家で精米までしている。多くの人にとって精米は、わざわざ家でしなくていいことだ。

自分の凝りたいところは凝る。私にとっては精米とかぬか漬けとかだが、他の

自分なりの工夫とやり方でいい。がんばらない家事で
心からくつろげる自分の住まいづくり。

人にはお風呂のタイル磨きかもしれない。

家事の中でも好きなところとそうでないところは、人それぞれ。

ある部分は必要最小限ですませて、それによってできる時間を、別の部分をていねいにすることに使って、メリハリをつけている。

時には自分にハッパをかける仕掛けも

仕事部屋はリビングとは別にある。その部屋でデスクトップのパソコンで原稿を書いている。そこで集中力が続かなくなると、リビングのほうに来て領収書などを整理したり、リビングのノートパソコンで連絡のメールをしたり。家にいながら、家事以外をしている時間はかなり長い。

なので、手を抜くところを設けるのは、家事が嫌にならないためにも必要だ。

そうはいっても、苦手な家事でもまったくしないわけにはいかない。それについては、自分に少々プレッシャーを与える仕掛けをつくる。

アイロンがけに対して、私はとっても腰が重いと先にも書いた。

アイロンをかけないといけない服を、わざとクローゼットにしまわずに、見えるところに出しておく。「アイロンをかけて下さい、待っていますよ」と服に言われているみたいに。

「しかたない、思いきってかけるか！」

しないですむところはなるべくしたくないけれども、しないわけにはいかないことは、そんな工夫で自分を奮い立たせている。

がんばらない家事ちょこっとメモ⑦

おうち時間をグレードアップする照明効果

おうち時間の質と関わりの深いのは実は照明だ。同じリビングでも状況に応じて、光の量を変えている。家事のときは明るさマックスに。目の悪い私は暗いとモノが見にくく、疲れるのだ。

くつろぎタイムでは逆にかなり落としたり、天井の照明を消し、壁際のだけ付けて間接照明ふうにしたりする。神経が休まる効果を感じる。

光の色も変えている。仕事のときはスッキリと青みがかった光。くつろぎタイムや寝室ではオレンジがかった光。キッチンでは食材の色がわかりやすいニュートラルな白を。

最近は家庭用の照明器具で調光・調色のできるものが多くなった。取り付けてみて、ひとり時間をより心地よくする効果を感じている。

おわりに
「そのときどき」の自分スタイルを積み重ねて

私にはめずらしく体調を崩して寝たり起きたりだった一週間のことだ。こぼしたらすぐ拭く。トイレを使ったらついでにひとこすり掃除。ダンボール箱は開封した勢いでもって解体する。

……その勢いがどうにも出ない、ひと手間ができないのだ。トイレットペーパーで便座の裏を拭くのは、習慣的な動作としてするが、便器内をブラシでこするまでいかず。置き配にしてもらった荷物を玄関内に引きずり込みはするが、箱を解体する前に力尽きる。

家の中はそこはかとなく散らかり、うっすらと汚れていった。家事と心の健康について「はじめに」に書いたが、体の健康とも深く関係する。

体調が回復してから、まずはぞんぶんに家の中に風を入れ、一週間分の埃を取るべくベッドに掃除機をかけながら思った。家事ってホント一生だな、仕事はなくなるときが来るだろうけど、家事は生きている限りなくならないな。がんばりのきかない人間である上に、体調が悪いときは極端な発想になるものだから、その一週間はずっと不安な思いをかかえていた。

これで終わりということのない家事を、私はいくつまでできるだろうか？　家事サービス付きのシニア向けホームのようなところに入ったら、これらいっさいから解放されるのだろうか……？

体調がよくなると「喉元過ぎれば」で考え直す。

家事いっさいから解放されたらラクだろうけど、つまらないかも。工夫することが私は好きだし、張り合いになる。ひとり暮らしで知ってしまった「どう暮らすかを自分の好きに決められる」よろこびを、そうそう早く諦めたくない。

現実問題、そんな至れり尽くせりのホームに早々と移れる資金は私にはなく、いつかお世話になるとしても、ずっと先のこと。

それまではこの家で自分なりの仕方で日々の生活を運営していかねば。体調不順は一過性だが、老いは必定。

基本的に元気な私も、スタミナとスピードが年々落ちているのを感じる。が、だからといって悲観することはない。寝具の掃除機かけだって、前に家電店へ行ったら、自走式の掃除機をベッドに載せて埃もダニの死骸（の模型？）も吸い取るようすをデモンストレーションしていた。

自分でするのが無理になったら機械を頼るとか、人にお願いするとか。民間業者に限らず公的サービス、シルバー人材センター、テレビで紹介されていた互助の取り組みのようなものも、探せばあるかもしれず。

それぞれが自分なりの家事のスタイルを見つけるきっかけになればと最初に書いた。これからも「そのときどき」の私なりのスタイルを見つけることを積み重ねていきたい。

二〇二三年一二月

岸本葉子

本書は、『ひとりを楽しむ、がんばらない家事』（海竜社刊／2020年11月）を文庫化したものです。文庫化にあたり大幅な加筆・修正をし、再編集致しました。
商品の情報は2023年12月現在のものです。

本文デザイン：長坂勇司
本文イラスト：いわしま あゆ
校正：あかえんぴつ
企画・編集：矢島祥子（矢島ブックオフィス）

岸本葉子（きしもと・ようこ）
1961年神奈川県鎌倉市生まれ。東京大学教養学部卒業。生命保険会社勤務後、中国留学を経て文筆活動へ。日々の暮らしかたや年齢の重ねかたなどのエッセイの執筆、新聞・雑誌や講演など精力的に活動し、同世代の女性を中心に支持を得ている。
主な著書『ちょっと早めの老い支度』『俳句、はじめました』（角川文庫）、『50歳になるって、あんがい、楽しい。』『50代の暮らしって、こんなふう。』『50代ではじめる快適老後術』『ひとり上手』『ひとり老後、賢く楽しむ』（以上だいわ文庫）、『60代、少しゆるめがいいみたい』（中央公論新社）、『わたしの心を強くする「ひとり時間」のつくり方』（佼成出版社）他多数。

岸本葉子公式サイト
https://kishimotoyoko.jp/

だいわ文庫

ひとり上手《じょうず》のがんばらない家事《かじ》

著者　岸本葉子《きしもとようこ》

二〇二四年一月一五日第一刷発行

発行者　佐藤 靖
発行所　大和《だいわ》書房
東京都文京区関口一―三三―四 〒一一二―〇〇一四
電話 〇三―三二〇三―四五一一
フォーマットデザイン　鈴木成一デザイン室
本文印刷　三松堂印刷
カバー印刷　山一印刷
製本　ナショナル製本
ISBN978-4-479-32079-1

https://www.daiwashobo.co.jp